家庭教育常见问题解答

陈武民【著】

中国财富出版社

图书在版编目（CIP）数据

家庭教育常见问题解答／陈武民著．—北京：中国财富出版社，2017.7
ISBN 978-7-5047-6551-2

Ⅰ．①家…　Ⅱ．①陈…　Ⅲ．①家庭教育—问题解答　Ⅳ．①G78-44

中国版本图书馆 CIP 数据核字（2017）第 176694 号

策划编辑　单元花　　**责任编辑**　单元花
责任印制　方朋远　　**责任校对**　杨小静　胡世勋　张营营　　**责任发行**　董　倩

出版发行　中国财富出版社
社　　址　北京市丰台区南四环西路 188 号 5 区 20 楼　　**邮政编码**　100070
电　　话　010-52227588 转 2048/2028（发行部）010-52227588 转 307（总编室）
　　　　　010-68589540（读者服务部）　　　010-52227588 转 305（质检部）
网　　址　http://www.cfpress.com.cn
经　　销　新华书店
印　　刷　北京京都六环印刷厂
书　　号　ISBN 978-7-5047-6551-2/G·0692
开　　本　710mm×1000mm　1/16　　**版　　次**　2017 年 9 月第 1 版
印　　张　12.5　　**印　　次**　2017 年 9 月第 1 次印刷
字　　数　166 千字　　**定　　价**　38.00 元

前 言

做亲子教育时间久了，无论在课堂上还是在我的喜马拉雅空间和微信公众号里，总有家长留言提问。对于孩子成长变化中的问题，家长有各种各样的困惑和烦恼，有断奶前的问题、学龄前的问题、青春期的问题，有学习成绩提不高的问题，也有孩子叛逆不好管的问题等。而大部分家长提出的这些问题，我都在以往的亲子课程里讲过，也在训练营里试验过。

在我推出《培养优秀卓越的人》这本书以后，得益于大家的认可和鼓励，我把家庭教育中常见的问题整理出来，集结成册，以供广大家长参考和借鉴。每个家庭的孩子不同，教育方法不同，出现的问题也有很大的不同。正是由于这么多的不同，才促使家长用心去学习对待孩子的方法，用最科学的方法解决孩子的问题，让孩子的问题不再是问题。

本书从孩子的出生到成长过程中最常见的问题开列，递进式的架构。采用提出问题然后展开讨论的方式进行，旨在让不同年龄段孩子的家长们可以按照孩子成长的规律借鉴和参考，也可以单独跳至某一个感兴趣的问题直接阅读。本书对于一些教育中常见问题的阐述，既有解决思路又有方法。

有一次我们课程结束，我额外给大家讲了半个小时的家庭心理学，触动了他们，有很多家长想和我多聊会儿，于是我和他们集体聊了一个多小时。聊着聊着，我对家长们的思路很惊讶。每个家长都能列出一堆又一堆有关孩子的问题，却没有一个家长意识到自己的问题，都认为错在孩子。所以，这也造成我的困惑，发现孩子问题的家长很多，真正解决问题的根源不在孩子身上。因为，很多家长看问题的角度和思路是有偏颇的。

于是，我开始认真思考，提出问题的人或许才是真正有问题要解决的人。所以，这本《家庭教育常见问题解答》并不是要发现孩子的问题，而是希望家长能发现自己的问题。一旦家长的认识和思维改变了，很多孩子身上的“问题”将不再是问题。

博家教育　陈武民

2017 年 2 月

目录

CONTENTS

1. 生孩子剖宫产好还是自然分娩好？

3岁前，宝宝安全感的建立来自三个方面：一是自然分娩；二是母乳喂养最好到1岁；三是父母的全心陪伴，尤其是母亲。很多家长对第一个方面首先产生困惑，问我："陈老师，那你说说究竟是剖宫产好还是自然分娩好呢?"

事实上，在经济利益的催逼下，很多医院大部分建议产妇剖宫产。也有很多年轻妈妈主动要求采取剖宫产的方法分娩胎儿，她们认为剖宫产快速、安全、无分娩痛苦，而且，新生儿不经产道挤压，不会遭遇难产危险，有利于以后婴儿的智力发育和健康，因此片面地认为剖宫产比自然分娩好。但是在顺应人性和自然的条件下，我建议采用顺产方式。虽然我不是医生，只是一个当了爸爸的人。但我认为，人类和动物一样，母亲是带着分娩功能的。除非有了手术指征，才应该选择剖宫产，否则我认为还是顺产好。自然分娩是符合人类发展规律的，而剖宫产是一种手术，也就是人为的干预。起初剖宫产是用来解决难产的，而今的剖宫产变成了一种年轻人为了避免痛苦而选择的分娩方式。经过调查，50%的年轻人因不能忍受宫缩疼痛而要求剖宫产。

从阴道娩出婴儿是人类的自然本能，也是分娩最可靠的方式。尽管确实有一部分孕妇有难产的现象，但大多数孕妇都可顺利地通过阴道分娩出胎儿，难产的很少。从分娩的过程来看，阴道自然分娩还有如下一些好处：①胎儿由子宫内依赖母体生活，到出生后的独立生活，是一个巨大的转变，这一转变必须有一个适应的过程。胎儿经阴道自然分娩，子宫有节奏地使胎儿胸部受到压缩和扩张，使出生后婴儿的肺泡富有弹性，容易扩张。当胎儿经过阴道时，胸部受压，离开母亲后，胸腔突然扩大，有利于胎儿出生后的呼吸建立。②阴道分娩时，胎儿头虽然受到阴道挤压可能会被拉长变形，但这种变形是一种适应性变化，在其出生后 1 ~ 2 天即可恢复，不会损伤大脑，也不会影响胎儿的智力。③临床证实，阴道分娩产妇感染、大出血等并发症较少，产后体力恢复很快。剖宫产虽然安全、快速，但它只对难产有作用，绝非分娩的捷径。同时临床数据表明，剖宫产有以下缺点：①分娩时胎儿未经过阴道挤压，不利于新生儿呼吸的建立，肺部发生病变的可能性略大。②剖宫产使产妇经历了一次较大的手术，失血比阴道分娩多，产后恢复较慢。③手术造成的创伤和出血，使产妇身体虚弱，发生感染的机会较多。④手术过程有可能损伤腹腔等其他器官，造成日后的继发性肠粘连。⑤产妇子宫在术后留有很大瘢痕，如果再次怀孕，有发生子宫破裂的危险。

当然，无论哪种生产，我认为选择对母亲和孩子最小的伤害才是好的。医疗发达的今天，无论哪种分娩方式，都可以拥有健康聪明的宝宝。

2. 如何做到合理断奶？

随着生活水平的提高和经济的快速发展，社会上对于采用什么方式喂养孩子出现了两种截然不同的声音：一种提倡母乳喂养；另一种认为奶粉或混合喂养更有营养；对此，讨论孩子如何断奶也是有一定必要性的。

在我看来，孩子断母乳的时间因妈妈的工作、身体状况及孩子自身的差异等因素各不相同，但多数孩子在 1 ~ 1.5 岁就断奶。给宝宝断奶是妈妈们颇感棘手的一件事。宝宝常常吵闹不休，为此，不少妈妈只好心绪不宁而又无可奈何地与孩子分隔数日，短时间内强制性给宝宝断母乳。这使得妈妈和孩子都很难受。其实母乳不应这样匆忙地断掉，与孩子分开更不明智。因为 1 ~ 1.5 岁的孩子对与母亲分开非常敏感，他们非常需要一种安全感，而且吸吮需求很强烈，尤其在就寝时间更为明显。如果把他同母亲分开，他会感觉特别伤心，还会产生疑虑、恐惧等心理。

所以，科学合理地给孩子断奶要遵循自然断奶的法则。给宝宝断母乳，应该逐渐进行，让宝宝有几个月的适应期和过渡期，直到最后完全断掉。在计划给孩子断母乳或停用奶瓶的前几个月，就应开始经常试用杯子喂给他母乳或牛奶等液状食物，同时逐渐减少哺乳量。如果孩子没能一次喝光杯中的牛奶，也不必太担心，因为奶是一种营养全面的食物，孩子的吃奶量一般都能够满足营养需要。有的母亲担心断母乳会引起孩子吃奶量减少，因此不忍心减少孩子的哺乳量，仍旧一月接一月地喂奶，直到某一天，感到孩子大了或工作需要必须断奶了，就突然不给孩子哺乳了，这种一贯地迁就，却又一下子强制性断母乳的做法，是不足取的。

自然断奶时，尽量规律性喂奶，比如，刚开始一个小时喂一次，慢慢一天喂一次。无论怎么断奶，前提是不要跟孩子分开。宝宝赖以生存的乳汁不让吸了，如果再看不到妈妈，对于幼小孩子的内心是非常大的伤害。

准备给宝宝断奶时，要先把他们带到保健医生那里，做一次全面体格检查。只有当宝宝身体状况良好，消化能力正常时才可以考虑断奶。如果恰逢生病、出牙，或是换保姆、搬家、旅行及妈妈要去上班等事情发生，最好先不要断奶，否则会增大宝宝断奶的难度。

吃惯母乳的宝宝不仅把母乳当作充饥的食品，还会对母乳有一种特殊的感情，因为母乳带给宝宝的不仅仅是营养物质，还有妈妈带给他的信赖感和安全感。因此，断奶千万不可采用仓促、生硬的方法，如让宝宝突然和妈妈分开，或是一下子就断掉奶，或在妈妈的乳头上涂抹苦、辣等物质来带给宝宝不愉快的体验等。这些做法只会使宝宝的情绪陷入一团糟，他们会因为缺乏安全感而大哭大闹、不愿进食，甚至脾胃功能发生紊乱，导致宝宝食欲差、夜卧不安，从而影响生长发育，造成宝宝免疫力下降。

在断奶的过程中，妈妈既要让宝宝逐步适应饮食的改变，又要态度果断坚决，不可因宝宝一时哭闹，就下不了决心，从而拖延断奶时间。也不可突然断一次，让他吃几天，再突然断一次，反反复复带给宝宝不良的情绪刺激。这种做法会对宝宝的心理健康带来危害，容易造成宝宝情绪不稳，夜惊、拒食。

在断奶期间，妈妈要对宝宝格外关心和照料，并多花一些时间来陪伴他们，抚慰宝宝的不安情绪，切忌为了快速断奶躲出去，将宝宝交给别人喂养。

在准备断奶时，要充分发挥爸爸的作用，提前减少宝宝对妈妈的依赖。断奶前，妈妈可以有意识地减少与宝宝相处的时间，增加爸爸照料宝宝的时间，给宝宝一个心理上的适应过程。还可以把母乳挤出来，让爸爸用奶瓶喂，帮助宝宝一点点地适应。

成功断奶小贴士

1. 每天安排早、中、晚 3 次正餐，在两次正餐之间加 2 次辅餐，睡前增加1次晚点心。辅餐可提供含糖量低的饼干、蛋糕、酸奶和水果，每次宜少给，不够再加，以免影响宝宝吃正餐的食欲。

2. 宝宝刚刚断奶时，可能出现食欲下降的现象。此时不要强迫宝宝吃东西，尤其是他们不喜欢吃的食品。只要宝宝每天都能吃一点点，他就会慢慢适应并接受这种食品。

贴心提醒

宝宝断奶，可能会引起妈妈体内的荷尔蒙发生变化，出现一些负面情绪，如沮丧、易怒等，同时伴有乳房胀痛、滴奶等烦恼。建议热敷并将奶水挤出，以防引发乳腺炎。如果妈妈情绪波动较大，建议咨询专业医生。

3. 幼儿咬手指甲怎么办？

在我的课上，很多妈妈们提出，孩子经常咬手指甲，咬得都不需要剪指甲。这是怎么回事？我遇到过很多这样的孩子，或者到小学三四年级了还会这样。许多家长说，面对孩子咬手指头，会采取各种措施，比如呵斥、恐吓、借用工具阻止，或者惩罚、奖励。孩子可能会有暂时的停止，但也只是暂时而已。越是设法制止，咬指甲可能会越频繁。

我读过一些心理学方面的书籍，也请教过一些专业的儿童医生，他们一致认为，咬手指甲是孩子进行自我保护的行为。咬手指甲的行为，只是孩子内在焦虑的一种表现方式。当一个孩子内在有焦虑情绪，又没有学会用合理方式释放焦虑，焦虑的能量就会聚集在孩子体内，不利于孩子身心的发展。孩子天生具有保护自己的本能，因此他们可能会选择无意识地咬手指甲。这是一种自我保护行为，通过咬的动作，把焦虑产生的负能量从身体里释放出来。

孩子本身对咬的行为是无法自控的，并不是他不明白这样做不好，也不是这样做一点都不痛，而是他这么做的时候，释放了焦虑，获得的释放远远超过疼痛。

因此，所有“阻止行为”的做法都是治标不治本。长远看来，不但无益反而有害。如果只是在表面上制止了孩子的这个行为，那孩子的焦虑该如何消除呢?

父母需要把孩子咬手指甲的行为当成一个很好的提醒信号，它在提醒我们：我的孩子或许有一些焦虑情绪，是我所不知道的，或者忽略的。现在是时候让我去关注孩子的情绪状态了。

焦虑产生的原因有许多：是不是平时孩子很顺从所以把一些不情愿的情绪都掩盖起来？是不是父母的要求很严格或很细致以致孩子没办法表达他的不同意见？是不是孩子很怕父母生气所以选择隐忍……

要知道一个会用咬手指甲来释放焦虑的孩子通常是比较善良、比较宽容、比较坚忍的。他不会轻易就大呼小叫，不会轻易动手伤害他人（除非是他只要一叫就被严格制止），但他又是个内心敏感的孩子，所以他内在承受的情绪压力就会比其他孩子更多。

所以，面对咬手指甲的孩子，父母首先不要惊慌，不要试图去控制和阻止孩子，尤其不能用粗暴的方式对待孩子，比如打孩子的手、扎孩子的手，给孩子手上抹辣椒水等。这样会加重孩子的咬手指甲行为。其次，父母不要过分在意孩子咬手指甲这件事，你越关注，他越在意，反而会加重咬手指甲这一行为。

如果孩子较小，父母要转移其注意力。当他想把手放进嘴里的时候，父母及时给孩子手里放一个玩具或者食物，分散他的注意力。平时父母要尽可能多地陪伴孩子，让孩子的小手不闲着。比如，妈妈可以握着宝宝的手，跟他玩大手比小手、手影游戏等，只要他感到快乐和充实，就不会有心思去想着咬手指甲。如果孩子较大，则需要父母给予他更多的信任和空间。孩子在成长，会有自己的想法、自己的决定，不一定完美，却是他成长过程中必须经历的自主过程。允许孩子和自己不同，有自己的喜好，有孩子都会有的小毛病、小淘气、小冒险。

另外，父母需要帮助孩子学习表达自己和释放情绪压力。首先，父母需要允许和倾听孩子与自己不同的意见，尊重和支持孩子对自己的选择。其次，父母需要学习管理和处理自己的情绪，示范和鼓励孩子用合适的方式来释放情绪（比如语言表达、跺脚等）。最后，父母允许孩子按照自己的想法找到情绪释放的途径，孩子咬手指甲的问题会慢慢消失。

4. 如何看待幼儿看动画片这件事？

“孩子太爱看动画片”成为现下诸多父母都觉得是个难题的事情。

有一位家长跟我说，她家的孩子看动画片成瘾，没错，这位家长用的就是“成瘾”两个字。她向我描述，孩子醒来第一件事就是找遥控器，打开“熊出没”“喜羊羊”能看半天，连眼睛都不带眨。父母有时候跟他说话，喊两三声才答应。

我相信这绝对不是个例，孩子爱看动画片已经成为一种常态。只是，有的成瘾，有的还没成瘾而已。

那我们究竟该如何正确看待孩子看动画片这件事呢？

观看动画片可以使孩子开阔眼界、增长见识，并促进了感知能力的发展，其积极作用是毋庸置疑的。幼儿时期有 80% 的信息是通过视听途径获得的。动画片所提供的视听信息不仅有利于孩子获得多种信息，促进他们的语言发展，还可以丰富他们的生活，使孩子获得许多间接经验。然而许多幼儿痴迷于动画片，有时甚至可以为看动画片而放弃其他一切活动。让我们不得不正视动画片给孩子带来的负面影响，它能使孩子形成被动的习惯，产生现实和虚构的混同，缺乏参与感、认同感，妨碍孩子想象力的发展，不利于孩子的个性社会化。动画片中的暴力内容也可能强化孩子的攻击性行为，有的动画片则可能误导孩子的消费观和饮食习惯，长时间看动画片更会影响视力。这种伤害既是隐性的也是显性的，既是短期的也是长期的，家长不容小觑。

面对现在的电子产品泛滥化，家长能做的不是禁止，而是正确引导。

儿童爱看动画片，这是很自然、很正常的事情。作为家长应该理解孩子们的喜好。在动画世界里，孩子们实现了在现实生活中不能实现的梦想，弥补了现实生活的缺憾。

从积极的效果看，孩子观看动画片至少具有以下几方面的作用：

（1）动画片可以满足孩子娱乐的愿望。

（2）动画片可以充当孩子暂时的伙伴。

（3）动画片可以为孩子提供有关社会和自我等方面的知识。

(4) 动画片可以帮助孩子培养自控能力和勇敢精神，养成良好的合作、共享和助人等行为习惯。

当然，也有一些动画片中含有暴力和色情等内容，孩子观看这类动画片后可能会产生不良后果，比如产生攻击行为。

家长们还是应该采取措施帮助孩子免受或少受含有暴力内容的动画片的影响，尽量限制孩子观看含有暴力内容的动画片，同时家长应该与孩子一起观看动画片。让孩子成为主动的认知建构者，勿让孩子只作为消极被动的欣赏浏览者。父母应随机引导孩子谈论、比较、评价动画片中的人物、情节，让孩子讲述其中优美的文学语言，真正体悟其精神实质。父母要筛选动画片，给孩子提供健康、积极的动画片。幼儿期是感觉发育的快速期，这时孩子柔嫩的器官对有害的视觉、听觉刺激敏感性比较高，所以应尽量避免孩子长时间或近距离看电视，同时电视的音量也不要过大。

5. 什么是孩子的专注力?

所谓专注力，就是我们常说的注意力，对孩子来说，是指他们能把视觉、听觉、触觉等感官集中在某一事物上，达到认识该事物的目的。专注力是一切学习的基础，是孩子最基本的适应环境的能力。

人的注意力，受多方面因素的影响，注意力不集中，常常是许多学习成绩不好的学生的共同特点。保持良好的注意力，是大脑进行感知、记忆、思维等认识活动的基本条件。在我们的学习过程中，注意力是打开我们心灵的门户，而且是唯一的门户。门开得越大，我们学到的知识就越多。而一旦注意力涣散或无法集中，心灵的门户就关闭了，一切有用的知识信息都无法进入。正因为如此，法国生物学家乔治·居维叶说："天才，首先是注意力。"

为什么越来越多的孩子会专注力不足？在早期教育专家看来，造成孩子专注力不足的原因是多方面的。比如说家庭环境、亲子关系和父母的教育方式等。如果孩子对所做的事情不感兴趣，周围的环境干扰太多，学校给孩子布置的任务太多，都会让孩子分心或者失去信心。除此之外，当下的孩子普遍看电视的时间过长，也是扼杀孩子专注力的重要原因。

有一位家长说："我是一个 5 岁孩子的妈妈，今天我去幼儿园听了观摩课，结果发现别的小朋友都能认真听讲，积极回答老师提的问题，只有我的孩子坐在后面，一会儿咬咬手，一会儿抠抠耳朵，各种不用心，也不回答问题。但是，到了游戏互动环节又特别积极。我很担心，他的这种状态一直延续下去，以后上小学不认真听课，回答不上来问题，作业不会做，慢慢失去学习兴趣就麻烦了，求老师指导，我该如何应对?"

我对这位家长说，她对专注力的理解是错误的。不是孩子做小动作，没能认真听讲就是不专注。我理解的专注力是指孩子在他感兴趣的事情上能心无旁骛，不受打扰地沉浸其中并乐在其中，才是专注。如果一个老师或家长讲的话或做的事并没有引起孩子的兴趣，孩子是专注不起来的。这也说明，专注力首先要建立在孩子感兴趣的事情上。

不过，这位家长随后表示，她的孩子是一个酷爱看书的孩子，可以看几个小时的书。每天不管多晚回来，他必须要看一本书。最近，她买了一本新书，比较厚，孩子竟然坐在那里看了足足两个小时，而且一定要看完后才肯玩。孩子这么爱看书，而且一坐就是好几个小时，这样看来孩子的专注力很好。

所以，专注力的培养要循序渐进，家长不要着急，要从心理层面来引导孩子。父母可以经常和孩子沟通，帮助孩子从日常生活中找乐趣。

6. 如何训练提升孩子的专注力？

从小培养孩子的专注力，不仅有助于孩子养成良好的学习习惯，而且可以让孩子在漫长的人生之路上，能够把所有的时间、经历和智慧凝聚到想干的事情上，最大限度地发挥积极性、主动性和创造性，获得成功。

孩子注意力不集中怎么办？这是众多家长问得最多的问题。孩子注意力不集中在学习上表现为：上课不注意听讲，写作业时三心二意，边做边玩，总要写到很晚，没有家长陪着就写不完，等等。

意大利的著名教育家蒙台梭利说：“最好的学习方法就是让孩子聚精会神学习的方法。”

那么，父母该如何培养孩子的注意力呢？

（1）5～15 岁是注意力训练的适龄期。

一般而言，5 周岁即可开始训练注意力，黄金期在小学阶段，15 岁之前效果最显著。因为 4 岁至青春期前期的孩子大脑急速发育，加上这个年龄阶段孩子正在接触外面世界的繁华，人很容易受到影响导致无法集中注意力。要提醒父母的是，孩子注意力训练需要及早进行，注意力训练可以提升孩子的自控力。

（2）营造一个集中注意力的环境。

孩子在学习的时候，要把书桌上与学习无关的东西都收起来；文具要简洁，功能单一，避免孩子把它们当作玩具来玩；孩子的书房也要收拾得简洁干净。当孩子学习的时候，不能有电视机、电话等声音干扰；父母要尽量不在孩子学习时进进出出，影响孩子注意力。此外，室内的光线也是一个非常重要的环节，光线柔和有助于孩子集中注意力。

（3）合理安排孩子写作业和活动的时间。

对于一二年级的小学生来说，他们的专注时间一般不超过15分钟，超过这个时间孩子就会走神。三四年级的小学生为20分钟，五六年级的小学生则为半个小时。所以，孩子写累了就让他休息一会儿再写。

（4）分解学习任务，定量完成。

让孩子在规定时间内分阶段，定量完成学习任务。当孩子能够做得很好时，可逐渐延长一次性集中做题的时间。要求孩子在审题的过程中，自己把题目的要求、条件用笔勾出来，以防止走神出错。这可加强孩子的自信，让他感觉“我能自觉集中精力做好一件事”。

（5）大声读书有利于训练注意力。

每天安排一段时间（10~20分钟）让孩子选择他们喜欢的小文章大声为父母朗读，这是一个让孩子口、眼、脑相互协调的过程。让孩子在读书的过程中，尽量不读错、不读丢、不读断。他的注意力必须高度集中，把这种训练一直坚持下去。

（6）当孩子痴迷于某项活动时，顺应他的需求。

当孩子对某项活动或某个事物（不含电子产品）产生兴趣时，为他提供更多与之相关的资讯、材料、可能的相关活动，让他跟与其相关的事物关联，并帮助他横向或者纵向去拓展，发掘出更多有趣的元素，将探索的触角伸向更多可能的方向。

(7) 跟孩子一起过有规律的生活。

规律的生活有助于增加注意力的稳定。

(8) 对于低龄儿童，父母要提高陪伴的质量。

父母陪伴孩子时也要专注，尤其在参与他的游戏时要尽量投入，引领他玩得更深入、更长久、更有创意。孩子自然可以将注意力更长时间地集中于某项活动。切记，电子产品可以偶尔玩之，绝对不能当作电子保姆。

培养孩子专注力家长须避免的四点表现。

(1) 家长言行表现急迫。

家长急迫的言行会对孩子产生不良的影响，在长期耳濡目染之下，孩子也会学着家长说出情绪焦躁的话。虽然家长只是希望自己能够在工作及家事上更有效率，但是这样急切的心理容易给孩子树立不好的榜样。这样一来，一旦孩子碰到难以解决的问题时，首先想到的不是耐着性子去解决，而是先发一通脾气再说。

(2) 考虑事情过于长远。

当然，眼光长远一些并非坏事，但是眼光长远并不代表可以跳过现在。如果孩子长期被这样的价值观所教导，那么将难以享受和满足现有的一切，自然也就无法培养对现在的专注力。

(3) 过度放任孩子。

过度的自由和放任，对于孩子的专注力也是有害无益。由于现在家长的工作都很繁忙，所以在把孩子接回家之后，很多人的办法就是打开电视给孩子看，或让孩子自由活动。久而久之，孩子自己就会养成一回家就开电视或自由散漫的习惯。像这样由于没有家长在旁边引导和督促，专注力的培养也就很难有好效果。

（4）常常打扰孩子。

当孩子很专心地自我活动时，有些家长总是喜欢突然跟孩子闹一下，或是要求孩子去做别的事，这是一种非常不合理的行为。如果家长希望培养孩子的专注力，那么当孩子在很专注地游戏（非电子游戏）或看书时，家长最好不要频繁打断孩子，而应采用预告的方式或使用一些辅助工具，如铃铛、闹钟等。

7. 睡觉前如何给孩子讲故事？

当了父母的人，都知道孩子2～6岁时，最喜欢的事就是听故事。

听故事是孩子认识世界、感受世界的最好方法，讲故事则是父母与孩子交流的一种较理想的做法。如果父母能更有针对性地选取适合不同年龄段孩子的故事，运用在亲子互动中，那么就会增进与孩子的感情。一个好故事胜过千言万语。

尤其是临睡前的故事，一定是孩子的“能量”补充剂，父母不论多忙多累，都不要忘记给孩子讲个故事，睡觉之前，孩子处于“意识变动状态”，在这种状态下，在潜意识中植入的积极催眠暗示，对孩子情商的发展产生一定影响。

一个被香港中文大学录取的孩子，在接受记者采访时，记者问她，谁对她的影响最深。女孩说是故事。她说，从她能记事起，爸爸就是一个故事大王。他的臂弯里、膝头上，都是她听故事的摇篮。她总是在爸爸温暖的讲述中，带着故事里的画面进入梦乡。有时候，还能梦到自己变成了故事里的小熊或者是小兔子，甚至是一只爬到月亮上的小蜗牛。等到了上学的年龄，她的想象力很丰富，无论是画画，还是写作文，总是能描绘得生动有趣。由于爸爸的故事启蒙，她非常喜欢读书，从而开阔了视野，使得其他课程学起来也容易很多。女孩说，是故事给了她上香港中文大学的机会。

讲好一个故事并没有我们想象中那么容易，讲故事之前，父母要做好以下准备。

（1）提前预习睡前故事。

给孩子讲故事之前，讲故事的人最好先把书读几遍，了解故事的发展和意蕴，充分理解书中内容，讲的时候才会得心应手。在预习故事的时候，成人也会对故事产生自己的理解和思考，这些会自然而然地随着故事传递给孩子，也更容易帮助成人在讲故事时投入感情，使孩子感受到更丰富的内容。

（2）为孩子选择最舒服的姿势。

想想看，洗完澡，干干净净的，换上睡衣，爬到床上，盖好被子。孩子倚着妈妈（爸爸），一起靠在柔软的床背上，睡前的故事时光就这样开始吧。或者孩子坐在妈妈（爸爸）的怀里，伴着妈妈（爸爸）的体温和心跳声，在故事中进入美妙的幻想世界。

（3）充分利用睡前半小时。

每个年龄段的孩子入睡时间都有差异，讲“睡前故事”以孩子日常入睡时间来看，一般在孩子入睡前半小时为宜。幼小的孩子，睡前故事时间持续十几分钟比较合适；随着孩子长大，可酌情增加至半小时左右。

“这个故事已经讲过好几十遍了，我快吐了！”你听过这样的吐槽吗？在讲故事的时候我们总会遇到很多问题，其实，这些都不是事儿。

当你讲睡前故事时，可能会遇到 9 个问题：

（1）绘本，一定要睡前讲吗？

绘本讲读时间并没有严格要求，建议每个家庭根据实际情况来设定自己固定的阅读时间，对于白天没有太多时间陪伴孩子的父母来说，在夜晚为孩子讲睡前故事是绝佳选择。

（2）睡前故事，每天都要讲吗？

父母和孩子说话，孩子会通过语言交流，感受到来自父母的温暖亲情。讲故事是与孩子进行语言和情感交流比较好的方式。就像每天需要吃饭、睡觉一样，作为交流重要组成部分的讲读故事也最好养成习惯，每日坚持。试想一下，自己的孩子带着满足感和安全感，每天在充满感情的声音中入睡，爱意会留存在心底伴随着他成长。你还会觉得每天讲故事是很辛苦的事情吗？

（3）睡前故事，从孩子多大时开始？

当孩子满一岁，就到了和孩子讲睡前故事的时候了。一岁多的孩子睡眠趋于规律，开始不想睡的时候，如果让孩子选择睡觉还是听故事，很多孩子会选择听故事，故事会帮助孩子静下来。给孩子讲故事，就是在旁边陪着他、看着他、和他说说话，做完这件事，他感觉这一天过完了，可以安心地睡了。

（4）最好是由妈妈来讲故事吗？

为孩子讲睡前故事是进行情感交流、培养亲密关系的好机会。妈妈讲故事通常会讲得比较具体、详细，注重渲染气氛；爸爸讲故事充满了许多搞怪元素，比较搞笑和天马行空。不同的讲读风格传达不同的感情，多元的体验可以丰富孩子的感受。

（5）孩子不想听故事，只想玩怎么办？

在孩子不想听故事，或者听着听着就跑了的时候，父母心里不要感到受挫，更不要勉强孩子坐下来继续听，随孩子去就好。其实孩子在玩的时候耳朵也是在听着故事的，当故事引起他的兴趣时，你不叫他他也会自己走过来。

（6）总是要求再讲一本、再讲一本、再讲一本，就是不睡怎么办？

这是新手父母经常会碰到的问题，有的人吃尽苦头，读一两小时的都有。之所以发生这种状况，是因为在讲读前没有设限，换句话说就是没有在事先和孩子商量好。因此，在讲故事之前要和孩子商量一次讲几个故事。同时让孩子知道，过会儿他的睡觉时间就到了，并且讲太多爸爸妈妈也会感到疲惫的。把道理说清楚，孩子很容易接受，这样的方式也是在构建孩子与成人间的互相关怀、互相体谅。另外，我们要明白，睡前故事不是用来哄孩子睡觉的工具，不能指望孩子听着故事就一定能睡着。

（7）同一个故事要求不断地重复讲，讲的人很烦如何是好？

很多父母在遇到孩子要求反复读一个故事的时候，都会选择满足孩子的要求，但并不是完全地给予就是对孩子有益的。白天，父母可以按捺住自己的无聊感，尽量满足孩子复读的需求；睡前故事时间，就要和孩子提前达成共识，我们今天讲几个故事，每个故事读几遍等。

（8）讲绘本故事好还是给孩子讲自己编的故事好？

讲故事并不需要拘泥于形式。你更擅长哪种就用哪种，孩子更喜欢哪种就用哪种。

（9）睡前听电子有声读物可以吗？

一般还是选择父母来讲读，因为讲故事并不是单纯地“读故事”而已，而是情感沟通。如果在孩子想听故事的时候，你正好很忙，可以让孩子听有声读物，当作是一种娱乐。不过，睡前孩子更希望你能陪陪他，更希望你关注他，跟他讲讲故事、聊聊天。孩子爱上读书，父母就成功了一半！

8. 让孩子听你的，还是你听孩子的？

在我的学员中，经常有人问："怎么才能让小孩听话？"作为中国的父母，骨子里生出来的家长权威，总想让孩子听话、服从。等孩子在家长的权威下学会了唯命是从，就会变得没有自我、没有主见。到了学校，如果老师依然让孩子做"听话的学生"，那么，将来走上社会孩子敢不听老板的吗？敢特立独行吗？敢有自己的不同言论和主见吗？

所以，家长要学一种智慧，即让孩子听你的还是你听孩子的。我们看一个故事，看上海某学校一位校长是如何听孩子话的。

> 因为没有老人可以帮忙带，女儿很小就进了幼儿园。到大班毕业时，本来按照年龄她还应该再读一年，但是她不同意，一定要和小朋友们一起去上小学。
>
> 我没有武断地回绝女儿，而是请了三天事假，带不到5岁的她到小学去旁听了三天，然后让她自己判断是否可以上小学。
>
> 这三天里，我们旁听了每一节课，把小学生的生活都过了一遍。三天后，她很坚定地说："我要上小学！"

那时候，不到年龄走个“后门”还可以进去，所以我就尊重她的意愿，让她上了小学。

小学一年级第一个学期她是学得最好的，因为这是她争取来的，是她的选择。这样，在不到5岁的时候，她就学会了独自判断和为自己的选择负责。

升初中时，我仍旧让女儿自己选择，是去民办学校还是对口的公立学校。她到对口公立学校看了一次之后说：“我喜欢这个学校。”我说：“好，喜欢就好。”

从女儿4岁起，我一直坚持一句话：我尊重你的选择。

当父母和孩子发生争执，最后要么家长听孩子的，要么孩子听家长的。当孩子什么都听家长的时，那就出问题了。他可能会觉得，我的人生是你帮我规划的，那你就替我走下去吧。

人们总是说孩子“开窍”了就会学习了，其实几乎每个人都有一个发现自己的过程。这个过程中先是发现了自己到底想要什么，然后才是发现自己的能力所在。

一旦进入这种状态，孩子就会感受到一种前所未有的力量从心底涌出，那情形就是很多人说的“开窍了”。

尊重孩子的选择，也要让孩子学会为自己的选择负责。

女儿读初中时，我带她到上海很多高中去转了一圈，让她看看希望将来进哪个学校。最后她说：“妈妈，我要考上海中学，因为上海中学漂亮。”

因为这个目标，初中最后一年，她的成绩突飞猛进，但我个人判断要考上海中学还是有点勉强。中考填报志愿时，我建议她填报师大附中，但女儿坚决要报上海中学，我尊重了她的意愿。

成绩揭晓，她因为两分之差与上海中学失之交臂。

虽然她最终也进入了心仪的曹杨二中，但有时仍有些遗憾，她说："如果当时零志愿不填上海中学，什么学校进不去啊！"这时，我告诉她："那是你自己的选择。"

我觉得一个人不可能永远做对的事情，但只要是自己的选择并且是经过思考的选择，就没有什么可后悔的。

就像开车在高速公路上选择了一个岔路口，就只能按照这个方向开下去。哪怕错了，也只能在下个出口再做调整。即便孩子的选择最后是走了弯路，甚至走了回头路，也不一定就是坏事，毕竟多了一种人生经历。

后来女儿上大学选专业、出国读研都是自己做决定，自己去操作。

我也曾经担心她的一些选择。比如她曾想进入传媒行业，我知道传媒业非常辛苦，而且收入和社会认同度都不高。我和她沟通了好几次，但她态度坚决。我也接受了，于是和她一起设定了未来的路线图。

后来，女儿自己到传媒公司实习了一段时间之后改变了主意。我也尊重她，并继续积极和她一起调整、设计新的职业路线。

所有父母都应该学习这位妈妈，去聆听孩子的想法，支持孩子自己做主。当孩子逐渐长大时，父母可以给孩子适当的决策权，逐步让他自己拿主意。比如，孩子晚上不肯上床睡觉时，父母可以对他说："宝宝，我相信你一定能管好自己的。因为你明天早晨7点要起床，所以，你自己会在晚上9点前上床睡觉，我相信你会自己注意时间。"

当然，由于孩子对许多事情的认识并不全面，所以，父母在支持孩子自己做主的同时，也要给予适度限制与提醒。比如，父母可以如此问他："你想要先听故事呢，还是先换上睡衣?"这样的提问，不仅能让孩子觉得自己的确享有主导权，更加能够保障他的生活不会混乱。

同时，让孩子参与家庭决策过程。对于家里的大事、小事，父母都可以鼓励孩子参与决策过程，告诉孩子他是"小大人"，他的意见对于家庭很重要。这样既可培养孩子的思考决策能力，又可密切亲子关系。

让孩子信守承诺。让孩子自己做决定，还要提醒他学会信守承诺，这样才能达到锻炼孩子的目的。比如，孩子选择了晚上 8：45 上床睡觉，但时间到了，他仍不肯上床。这时，父母要严格地要求他："宝宝，因为你今天答应的事情没有做到，所以明天你没有选择，一定要在 8：30 上床。"

到了第二天晚上，孩子的父母必须照着昨天的说法做。即使出现了一些临时状况，比如刚好爷爷和奶奶来了，也要提醒他："因为昨天你说话不算数，所以……"或"如果你今天再不乖，接下来一个礼拜，你每天都要在 8：30 上床睡觉。"

如果父母坚持这样做，不仅可以培养孩子的自主能力，还能培养他的诚信品格。

9. 家长能把"哭"的权利还给孩子吗?

在课上，有不少家长说："我为什么就是听不得孩子哭呢？他越哭我越生气。”

绝大多数家长都见不得孩子哭。孩子一哭，自己就觉得心烦意乱，甚至被挑起怒火。为了尽快制止孩子哭，大人要么采用“硬”方法：呵斥、恐吓、威胁，或者粗暴地打骂；要么采用“软”方法：安慰、鼓励、哄劝，或者妥协，满足孩子的无理要求，纵容孩子的不良行为。

当孩子哭时，大人的反应：

（1）用制止处理，对孩子说：不许哭！不要哭！别哭了！

（2）用反感处理，对孩子说：哭什么哭？哎哟，哭得烦死了！

（3）用否定处理，对孩子说：这么点小事有什么大不了的？有什么好哭的？

（4）用埋怨处理，对孩子说：就知道哭，哭有什么用！

（5）用威胁处理，对孩子说：你再哭，妈妈就不喜欢你了！

（6）用恐吓处理，对孩子说：你再哭，妈妈就把你丢在这儿不管了！

（7）用冷漠处理，对孩子说：要哭你回房间一个人哭去，哭完了再出来。

（8）用伤自尊处理，对孩子说：叫你别哭你还哭？这么娇气，一点出息都没有！

大人们软硬兼施、千方百计，都是为了达到一个目的：制止孩子哭。是“制止”，而不是接纳孩子、允许孩子哭。

当然，做父母的都希望孩子永远幸福、快乐，生活中永远充满欢声笑语。我们常说，只要看见孩子天真的笑脸，一切烦恼都会烟消云散。但是，哭和笑，都是一个人真实的情感流露。情绪本身没有好坏，只是生理和心理的正常反应。情绪管理的第一步，就是接受情绪。

所谓接受，就是不加指责地承认情感的真实性，不加指责地承认任何人都有产生和表达这种情感的权利。所以，孩子拥有“哭”的权利，不应该被否定和强行制止，不应该被压抑。

不得不说，我们祖祖辈辈都是在“不接纳”的环境中成长起来的，我们很多人都带着“不接纳”的思想长大，认为“负面情绪是不好的东西”。

想一想我们小时候，当我们的泪水在眼眶里打转，严厉的父母却横眉怒目地呵斥我们“不准哭”时，我们咬着牙把泪水吞进肚子里的感觉是多么伤心无助啊！我们是多么希望爸爸妈妈能够伸出宽大的手把我们紧紧抱在怀里让我们尽情地痛哭一场啊！我们多么希望肆意流淌的泪水换来的不是指责、打骂而是无限的温暖和无穷的力量啊！

如果允许孩子哭一哭，会导致什么严重的后果吗？

什么也没有！

“哭”，不是什么可怕的事情。最大的问题在于：家长不允许孩子哭，从心底讨厌孩子哭，故而采取了一些错误的方式去对待，比如粗暴地制止、恐吓、威胁，结果有可能导致你要花费更多的时间、精力去应付。

所以，家长别着急，请先让孩子把不满的情绪通过泪水，安全地释放出去，缓一缓，先处理情绪，再处理实际问题。

10. 为什么“允许孩子哭”比“哄孩子笑”更重要？

几乎每个孩子都会有大发脾气、大哭大闹的时候，当他们的想法不能被父母所理解，当他们的需求不能得到满足，当他们想要发泄情绪时……他们就可能会以哭闹的方式来表达。这很常见，也很正常。

面对孩子情绪失控、大哭大闹，父母们的处理方式又不尽相同——有的赶紧哄，希望孩子立刻停止哭闹；有的采取大声喝止的方式；有的干脆冷处理。其实，这些方法都不太好，最好的应对办法是给予共情。说白了，共情就是允许孩子哭，给他哭的权利，并且尊重他的这个权利，而不是立刻进行制止或打压。

很多父母都希望孩子天天开开心心的，这当然无可非议，但是孩子在成长中会遇到很多他处理不了的沮丧、难过、委屈。这时候，允许孩子哭出来，比单纯让孩子笑更为重要。如果笑是在孩子原本快乐的基础上再加一层快乐，那么，哭则是带走身体的负面情绪，是给压力做减法，这样会更有利于孩子的身心发展。

4 岁的乐乐（化名）想搭一个像自己一样高的塔，然而，搭着搭着积木总是倒塌。

终于，乐乐有些生气地大哭："我搭不了那么高。"妈妈看到乐乐因为搭不高而哭泣，心疼极了，赶紧过来安抚："宝宝，不哭，这些积木不好，妈妈给你买些可以搭很高的积木，要不，妈妈帮你搭怎么样?"

乐乐反而更生气了："不要，我不要。"

妈妈："宝宝不哭了，我们吃点好吃的怎么样?"

乐乐："不吃，我就要搭很高很高的塔。"

妈妈："看动画片？你不是最爱看动画片吗?"

乐乐听到看动画片，停止了哭泣，露出了笑脸。放松的妈妈禁不住抱着乐乐亲了一下。看到孩子的笑脸，妈妈不再纠结难受，舒了一口气，心情也舒畅起来。

此情境中母亲的反应很常见。乍一看，有人甚至可能会感动于母亲对孩子的爱，因为母亲用自己的力量想方设法将孩子带离痛苦，重获笑颜。是的，看到孩子明媚阳光的脸庞，难道不是母亲最大的欣慰吗？

然而，仔细地分析这个化哭泣为笑颜的过程，其中最多的却是母亲的焦虑，而并非温柔的接纳。真实往往很残酷，觉察和面对并不容易，这也是父母自我成长的困难所在。

乐乐的内心可能经历了这样的一个过程：我是全能的，我想做什么都可以做成。我现在却搭不成想要的高塔，这怎么可能，难道“魔法”失效了？我不是全能的，我生气又难过、哭泣，我不是全能的，不是全能的好可怕……

妈妈来了，她看起来很紧张、焦虑，看来这件事真的可怕，她和我都无法面对。她好像不愿意看见我哭和难过，哭是不好的，这会令她不安和难受。看，她在努力地哄我开心。但是，我希望她看到我的悲伤，她不看。什么？看动画片，这个想法不错。我一笑，妈妈不焦虑了，她还抱着我亲了一下，我开心，她爱我。我哭泣，她焦虑。

母亲的内心可能经历了这样的过程：宝宝搭不好生气哭泣，心情不好，我好难受，见不得孩子掉眼泪。孩子好可怜，这么小就要承受这种无助，我真恨不得自己替孩子承受，我是个爱他的好妈妈，我要让他开心、幸福、阳光，我要把他带离痛苦。看，他笑了，我心里踏实了，舒服了，禁不住亲一下他来表达我此时的心情。

从这个母亲的心理过程可以看出，她自始至终并未看到孩子的内心需要，而主要是看到自己的需要，顺着自己焦虑的感觉，通过控制孩子的表现和感受，把自己的感受调节到一个舒服的状态：我是一个好妈妈，牺牲自己给孩子开心和幸福。

然而，孩子并没有得到妈妈的共情。共情是个心理学上的名词。根据人本主义大师罗杰斯的观点，共情就是一方对另一方内心世界的理解和体验。一般孩子情绪上或者行为上出现问题，就意味着急需父母的理解、关怀。因此，父母对孩子表示出的共情，恰是孩子最需要的。案例中乐乐搭不了想要的高塔，这是一种学习体验挫折的机会。在这个过程中，孩子逐渐接受自己并非全能的，面对并接纳自己的能力是有限的基础上，逐渐锻炼了强健的内心和抗挫力，从挫折中恢复的能力就是这样锻炼出来的。

悲伤哭泣是面对挫折的开始，因为接受自己是有限的过程，同时也是哀悼自己失去全能感的过程。哀悼通常比维持表面上的欢笑更能给人实在的力量感。而母亲见不得孩子难过，在焦虑的驱使下剥夺了孩子经受挫折的权利。

所以，很多时候，面对孩子因挫折而来的哭泣，父母最好允许他哭，不去无原则地哄他开心。只有这样，孩子才能在哭泣过后有所收获、有所成长。

11. 当孩子犯错误时，我们家长该怎么办？

世上有没有不犯错的人呢？答案是否定的。大人如此，孩子也不能例外。错误，对于一个孩子来说，只是成长中的正常过程。一棵小树需要不断修剪，树杈才不会旁逸斜出。正所谓人生并非坦途，错误便是成长中的一个又一个路障，如何才能让这些路障变得更小、变得更少呢？

看到孩子犯错，多数家长第一反应便是生气、火冒三丈，很少有人能冷静对待、认真分析。其实，给孩子犯错的机会，给他尝试的机会，才能让他正确对待人生中的这些路障，才能让他跳得更高、飞得更远。

我们看两个不同的犯了错的孩子：

一个中国小男孩在小区的空旷处踢球，不小心把邻居家的玻璃窗给踢破了，幸亏邻居刚好外出，害怕的孩子第一反应是抱着球跑回家，跟妈妈说自己犯错了。妈妈批评、责骂后，带着孩子到邻居家道歉，并付了赔偿款。这真的就是大多数中国家庭对待孩子犯错的做法！

一个美国小男孩也同样在空旷处踢球，也不小心把邻居家的玻璃窗给踢破了，但孩子抱着球没有害怕只有愧疚，更没有跑回家，他在打破的窗外站了半天，丈量尺寸，并捡起一块玻璃碎片才回家。没多久，小男孩敲开了邻居的门，身后还带着一个扛着新玻璃的工人，没有父母陪同。小男孩愧疚地向邻居道歉，并承诺下次一定不会发生此类事情。并且，孩子购买玻璃、请工人的费用，已经跟妈妈打了欠条。

对比之下，我们不禁要问，为什么我们中国的孩子犯了错的第一时间想着逃跑，自己不敢承担，而外国的小男孩就能做得那么好呢？首先，这跟平时父母对于犯错的处理方法和态度密切相关。比如，我们的孩子犯了错，大部分父母不分青红皂白先责骂或者打孩子。导致孩子犯了错害怕，因为曾经经历了由于犯错而被责骂、被惩罚，甚至还可能被父母骂不懂事、调皮、变坏了等，所以孩子在再次犯错时会害怕，甚至会隐瞒是自己的过错而导致的后果。

其次，我们做父母的没有教给孩子什么是担当，从我们从小接受的教育来看，很多国人甚至怂恿年幼的孩子乘地铁、进公园时逃票，贪了一时的小便宜，孩子学会了一辈子贪小便宜，为自己那点小聪明沾沾自喜。孩子大了也只有小聪明，没有大智慧。案例中，中国妈妈只给了人家赔偿款，中国的这个邻居还要自己花费时间去购买玻璃，还要请工人或者自己安排时间安装，这个美国小孩会给邻居买玻璃，还请来了工人，可以说是服务周到、做事周全，减少了人家的麻烦。看似都是赔了，但是邻居们的体验可不一样，中国的邻居拿到了钱估计私底下还会骂，因为他还有麻烦事做，而美国的这个邻居估计是完全满意了，不用花一分钱也不用耗费一点力气。

所以，面对孩子的错误，正确处理，受益者不仅仅是孩子，还有大人。错误的处理方式不但让孩子体验不到担当和责任，还会助长其他的负面情绪。所以，面对孩子的错误，家长要会说、会问、会处理：

第一句话：发生了什么事情？

这句话很重要，有的家长一听到孩子犯错误了，太过着急，便认定是自家孩子的过错，而如果让孩子自己描述事情发生的经过，家长会得到更多的关于这件事情的信息，并且可以了解当时孩子所处的情形及心理状态是什么，从而客观地分析这件事情。

第二句话：你的感觉怎么样？

这句话主要提到的是发泄心中负面情绪的作用。无论孩子在这件事情中对与错，肯定会有负面情绪，让孩子表达自己的感受，可以让他先把内心的不快释放出来。经研究表明，当一个人处于不平静状态时，别人说的话他很难听进去，因此，让孩子先发泄完不满、心情平复了之后，再帮他分析整件事情，会起到事半功倍的效果。

第三句话：你想怎么样?

让孩子自己表达希望如何解决这件事情，家长可以从中了解到孩子处理事情的能力。无论孩子回答的是什么，家长都要耐心地听他说完。

第四句话：你觉得有哪些办法?

家长要先听一下孩子自己提出的办法，无论是否可行，都不要急着下结论。在这个时候，家长可以跟孩子一起讨论是否还有其他更好的方法。

第五句话：如果用这些方法，会有什么样的结果?

到了这个环节，很多家长会惊讶地发现其实孩子也明白上面提到的办法不可行，这个时候家长便可以通过分析为孩子讲解不同方法会产生的后果，但是要注意，分析的形式切莫为说教式，只需要陈述事实即可。

第六句话：你决定如何做?

在经过了上述分析之后，询问孩子决定如何处理这件事情，这个时候，孩子便会找到合理且明智的方法。如果他的方法仍不是成人世界最好的方法，家长也不要强迫孩子听从自己的方法，因为之前问了他如何决定，现在又说这个决定不可能实现，会让孩子对你失去信任感。并且，即使孩子选错了，他从中也一定会学到很多经验的。

第七句话：你希望我怎么做?

听听孩子对你的希望，并表示予以支持。

第八句话：结果怎么样?

在事情结束之后，询问事件结果，孩子可以从中自查到一些还不成熟的方面，吸取经验教训，进而增强自身解决问题的能力。

家长应该从孩子小时候就培养他有担当的精神，而履行责任便是对自己行为负责的基础。家长可以通过以上提到的一系列问题，培养孩子具有独立思考的能力、解决事情的能力。与孩子像朋友一样，通过孩子的回答，帮助孩子分析情况。不要怕孩子会犯错，孩子能从错误中得到更多的经验，这些在以后的发展中都是不可缺少的资本。

12. 父母知道如何对孩子说“不”吗？

爱孩子，是父母的天性。这爱中不仅要包含理智与宽容，更应松紧有度，要为孩子在“可以”和“不可以”之间划一条清楚的界限，使他们的行为有章可循，学会忍受一时的不舒服、烦心事，甚至忍受必要的痛苦，因此，对孩子的有些行为，一定要学会说“不”。

“不”，是孩子讨厌听，父母讨厌说的一个字。父母如何聪明地拒绝孩子的不合理要求，其实也是一门艺术。

从儿童心理学的角度来说，当孩子提出某种不合理的要求时，家长与其迁就，说“不行”对他更具有影响力。随便对孩子说“可以”，是冷漠与放纵，而酌情说“不行”，才是真正的关心与爱护，父母表现出的坚定绝不容商量，尽管有时会招致孩子的大哭大闹，甚至叫着说：“我恨你！”但孩子正是在反抗的同时，意识到父母的尊严和权威。孩子需要有一个对立面，才能分辨美与丑。如果让他们漫无目标地挥动小拳头，他们会因没有信息的反馈而永远分不清是与非。

如今让家长们说出“不行”二字，的确不是件容易事，其难处在于父母过于宠爱自己的宝贝不忍心说。而教育专家则坚决主张家长说“不行”，必要时还要“适当惩罚”孩子。当然，这并非意味着回归旧传统，对孩子实施随意斥责、打骂的专制式管理。现代社会的“不行”，应该是大人与小孩之间达成的共识，是他们心与心的交融。对此，应该注意以下几点：

（1）切忌对孩子施以条件要挟。许多家长习惯说“吃不完饭不许看动画片”。这对孩子的影响其实很坏，因为他们会效仿家长，动不动就讲条件。

（2）让孩子做某件事时，要讲明道理，是为了孩子好，而不是说些“这样爸爸妈妈会高兴的”之类的话。孩子如果仅仅知道要讨父母的欢心，可能会撒谎或干出其他的事。

（3）绝对不能对孩子“以眼还眼、以牙还牙”：“你不听我的话，好，我也就不满足你的要求！”家长会因此而失去自己的尊严并诱发孩子的报复心理。

那么，什么情况下要坚决对孩子说“不”呢？

比如，不遵守规则的时候。

一个人来到这个世界上，就要遵循不同的规则。孩子到了 2 岁以后，就可以明白一些简单的规则了。他们违反规则大多数时候并非故意，而是不明白。这时，做父母的需要坚定地说“不”，并给予正确引导，如“红灯停，绿灯行，不能闯红灯”“不能随地便便”“乱扔垃圾的行为不好”等。在孩子成长的道路上，应该用规则来教育孩子，让孩子自觉遵守规则，明白是非，这样，不仅有利于其健康成长，整个社会也会变得更加文明、高尚。

比如，伤害别人的时候。

3 岁以下的孩子常常用一些自己的方式来表达情感，比如，当生气的时候他们踢或咬人。他们不知道这样会给别人带来什么不好，他们所知道的就是这样做会使他们感觉好一点。

阻止孩子这样做的同时最好先安抚他的情绪。握住他的手臂并且说类似的话："我知道你很生气，但是不要又踢又咬，你会弄伤人的!"你应该要他用吻或者道歉来解决。

比如，无休止的欲望。

孩子到了3岁，智力已经接近成人的60%~70%了，大脑发育基本成型，这对孩子良好生活习惯的培养是至关重要的。如果每次看到喜欢的东西都要买，吃过了三四支冰激凌还想要吃，欲求无止境，类似的事情一定要让他知道"这样做是绝对不行的"。

父母只有学会坚持对的事情，并且学会温和且坚定对孩子说"不可以"，孩子才能感受到父母的权威，才能拥有安全感。

13. 家长能把孩子的节奏还给孩子吗?

家长培训课上，在提升家长觉察力这个环节，我们会测试生活中家长经常跟孩子说话时的用语，发现家长们说得最多的就是"怎么这么磨蹭，你就不能快点吗""你怎么就知道玩，你能不能一回家就写作业""你看人家×××，妈妈让干什么就干什么，你怎么就不听话呢"。结果是快点儿起床、快点儿吃饭、快点儿睡觉、快点儿……贯穿在整个亲子关系当中。

如果我们用庄子"无用方为大用"的观点来谈孩子的教育和成长，或许会被当下的人斥为无稽之谈，因为实用主义哲学早已深入人心。成绩至上、目标第一的教育论或已洗去了许多人头脑中养育孩子的乐趣，现在的一些父母总是在盼望孩子快点儿长大，快点儿成为父母心中期盼的样子。操劳的父母总是在工作和家庭间来回奔波，年复一年，日复一日，疲惫地感慨“时间都去哪儿了”，时间可以被工作、事业、人际交往挤满，可就是没有更多的时间陪着孩子慢慢地成长。所以，在家长眼里，孩子正常的节奏被视为“磨蹭、拖拉”，于是就会出现一种现象：家长急得像热锅上的蚂蚁，甚至气急败坏，孩子被催促得不知所措。

在我看来，催促孩子、不给孩子自己该有的节奏，折射出的是家长的焦虑和急躁。假设这种焦虑成为一种常态，我们就是在制造孩子的焦虑型人格，家长们认识到这一点，就有了与孩子的共情：他的磨蹭是对自己的保护，他的生理发展还不成熟，他正在尝试探索这个世界，他的人生经验还不丰富，与父母相差二十多年的经验，又让他怎么能跟上家长的节奏？即使跟上了，他也像父母一样焦虑了，这种焦虑的体验是痛苦的，所以孩子的潜意识自动选择机制选择了“慢”来保护自己的感觉，让自己相对从容一些，可是被焦虑的家长解读为“磨蹭”了。

也有大部分家长说，孩子一去哪里玩就不回家，无论如何催促就是不为所动。作业也不做，光知道玩耍这还了得？这样的节奏我们也一定满足吗？我想说，玩，是孩子的天性，你知道孩子在玩中探索世界，培养的是主动性、鉴赏能力、动手能力、思考力、专注力、创新能力等，所以孩子放学玩一会儿也不需要那么紧张，让他放松一下，做点自己喜欢的事，再写作业也可以！就像家长们上了一天班，也需要放松一下、储备能量，再投入到紧张的工作中一样；不用看别人的孩子如何用功，别人的孩子如何听话，只看自己的孩子就好，尊重孩子的节奏，因为别人的命运与你无关，你只需要知道你的孩子是一个独立的个体，他是独一无二的，他有自己的成长轨迹，他有自己的思想、自己的情感、自己的成长节奏。

允许孩子找准自己的成长节奏，对他的一生很重要。很多人在小时候，都会想尽力跟上父母的节奏，想讨好父母。慢慢地，在父母的催促和逼迫下，他们会察言观色、会投其所好，同时他们也发现，每当投其所好的时候，父母就会说他们是好孩子，满足他们依恋、被爱的需求；每当做些自己喜欢、父母却不喜欢的事情时，父母就会不高兴，甚至大发雷霆，让他们很恐惧，甚至会有被抛弃的担心，渐渐地，他们越来越忽视自己的喜好和感觉而附和或讨好父母，从而失去了自我。

允许孩子找准自己的成长节奏，需要家长们减少自己的恐惧和焦虑，拥有足够的耐心、宽阔的心胸和从容的心境。要减少焦虑，我们首先要能够感知自己的情绪，并练习觉察自己的情绪，当情绪来临时，先区分哪些是自己焦虑的情绪，哪些是孩子的行为，别把自己的焦虑情绪投射到孩子身上，让孩子为我们的行为来埋单。其次是拓宽自己的认知，打破自己的局限性，看到更多的可能性。了解各年龄段孩子的成长特点和心理需要，了解孩子成长的自然规律。人因为不了解而恐惧，有了预见性，也会更淡定地面对孩子的行为；最后找到自己恐惧、焦虑的根源，读懂焦虑的提示，学会有效管理自己的情绪！像一句话说的那样：世间万物皆有定时——播种有时，成长有时，花开有时，凋零有时。

14. 如果你的孩子缺乏安全感怎么办？

我接触了大量的家长，也看到了很多家长的困惑。尤其对于孩子缺乏安全感方面，很多家长比较困惑，不知道孩子为什么会这样？我们先看一下，缺乏安全感的几个典型表现。

表现一：常有“害怕”或“害羞”的情绪。

有位家长说她家的孩子非常开朗、活泼，在幼儿园和小朋友们相处得很不错，是个适应能力很强的孩子。不过，当和老师交流时，他就完全判若两人了：老师和他说话时，他就像做错事似的，马上将头低下来，不敢看老师；小手不断地变换摆放位置，神情非常紧张。老师提问时，明明他刚才和同伴们已经一起大声把答案都说出来了，可是只要老师请他单独回答，他马上就脸涨得通红，说话也结结巴巴、一字一顿了，声音小得像蚊子。

其实孩子就是缺乏安全感，缺乏来自老师给予的安全感。因此，他在老师面前非常不自信，总是小心翼翼、唯唯诺诺，生怕做错什么。

表现二：外表强悍与内心脆弱。

有位小朋友平时非常容易和其他小朋友发生冲突。只要未遂其意，他必定用拳头来取得“胜利”，若老师指出其错误，他则常常用“仰天长啸”表示抗议或者直接“攻击”老师。

为什么小小的孩子会如此固执和偏激呢？这一类孩子，往往家庭氛围不和谐，或者家长的态度粗暴、教育方法不当，使孩子对任何事物都产生了戒备、抵触的心理，从而将这种心理反映在了行动上。往往其外表的强悍反而证明了其内心的敏感与脆弱，也就造成了孩子“愤世嫉俗”的外部表象。由于缺乏安全感，会导致孩子胆怯、畏生、敏感、内向而不爱交往、偏激而固执等一系列心理问题的外部表现。

表现三：妈妈在与不在“大变样”。

有个孩子对妈妈的依赖非常严重。在家时：和保姆阿姨在一起非常乖，一旦妈妈回来了，则黏着妈妈不放。送入幼儿园时，保姆送的时候，情绪很好，但是只要是妈妈送，非哭得一塌糊涂不可："我要妈妈，我要妈妈，妈妈不要走……"没有妈妈的场合，他是懂事、讲道理的；一旦妈妈在身边，孩子则相当任性，蛮不讲理，甚至大声哭闹。为什么妈妈在与不在的情况下，孩子会判若两人呢？

究其原因，是孩子所获得的"母爱"不够而导致的安全感缺乏。这一类宝宝，在平常生活中大有人在。随着社会节奏的加快，生活水平的提高，孩子出现这种现象的比例日益增多。许多父母由于工作忙碌，常常把孩子交给爷爷奶奶、外公外婆或者保姆看管。虽然说在物质条件上，孩子们并不缺什么，但是，对于学龄前的孩子，最关键的一环——母爱，却往往不能保证。

孩子的"安全感"形成主要来自两个方面。一个是家庭影响，即父母的融洽关系。另一个是周围小朋友的影响，即群体归属感。

家庭是孩子最先接触的生活环境，最初性格形成的关键因素。如何扮演社会角色，处理与周围人的关系，都通过家庭在孩子的心中烙下深深的烙印。父母对孩子的教养与态度，是影响孩子性格发展的决定因素。现实中大量例子足以说明，良好的教育方式和教育态度，对孩子优良性格品质的形成起着十分积极的作用。父母如果不这样做，将导致孩子在性格、行为、动作、情绪等方面出现偏差。家庭中时常保持欢乐，父母关系融洽，孩子在家里就感觉到幸福愉快，就会有安全感，信心十足；如果父母关系紧张，经常发生口角，则会使孩子紧张焦虑，缺乏安全感，对人不信任，常因和小朋友或老师之间的小事，哭闹不止。长此以往，小朋友们则不喜欢和他一起玩耍。由此导致的孤独，反过来又影响性格。有的父母对孩子过于严厉，动不动就吹胡子瞪眼，孩子害怕父母生气则内心恐惧，也容易缺乏安全感。

所以，让孩子树立信心，是建立安全感的前提；信心则来自父母的鼓励，来自孩子的接纳。父母还是要让孩子多接触外面的世界，多接触外面的人，这样会有很大的帮助。

15. 如何让饭桌不再是战场，孩子享受用餐时间？

对于现代家长，如何让孩子好好吃饭成了头痛的问题。以前我们的父母辈没有优裕的生活和对孩子过分的在意，很自然地养育孩子，饿了吃，困了睡，孩子能茁壮成长。而现在的孩子，尤其是城市里的孩子，一个孩子被四五个大人“甜蜜”地围着，生怕孩子吃得不好，用得不好，这造成了一个严重的现象：过分关注孩子的吃饭问题，孩子的吃饭就变得有了问题。

我们看一个案例：

乐乐的妈妈会特地为她做饭。她会把餐点放在乐乐面前并满怀期待地看着她吃。要是三岁的乐乐拒吃的话，她会觉得很受伤，还会说：“我是充满爱心为你煮的，你却不接受我的爱。你不喜欢我，好伤心！”

乐乐感受到了妈妈过度的期待态度，以及当她什么都不吃或吃很少时，来自妈妈的极端失望。有时候乐乐也会很有礼貌和“贴心地”

把食物都吃光，这时她妈妈就会很快乐，并且大大夸奖她。但是很多时候，乐乐不喜欢吃，她把食物溅得到处都是，又是哭闹又是尖叫，试图从她的高脚椅上站起来或跑来跑去。而妈妈这个时候就会从最初的温柔哄骗，变成生气呵斥，最后竟然还能演变成大吼大叫并强行给她喂食。当乐乐被喂食时，常常把头扭开或拍打汤匙。这时她的妈妈会很沮丧，有时候她会失去耐心并且大声咒骂，有时候会让步，让乐乐一边吃饭一边满屋子跑，这全由妈妈的心情而定。

长久以来乐乐的妈妈都没有察觉，她是在对女儿施压。她把吃饭跟“你好乖”以及“你爱我”画上等号。不吃饭对乐乐妈而言代表“你不听话”以及“你不喜欢我”。乐乐感受得到这些，但是她不明白，这跟吃饭有什么关系？尽管如此，乐乐的体重仍然一直在正常增加。她那与生俱来的调节系统一直都运作得很好。但是母女关系却受到这不必要的压力干扰，使得两人每次吃饭时都很紧张。妈妈每天除了三餐之外几乎没办法去想别的事，所以她几乎整天都很紧张。

案例中的吃饭情景应该是大多数家长的痛点，孩子不是挑食，就是不吃饭，再就是不能安安稳稳地坐在餐桌前，而是把吃饭变成了游戏、玩食物或者跟父母玩。

那我们究竟该怎样让孩子愉快进餐呢？在我看来，首先要找到孩子不爱吃饭的原因，因为吃饭、睡觉是一个人的本能和最起码的生理需要。如果孩子出现不好好吃饭的情况，一定是家长或孩子有了问题。

(1) 家长的原因。

就餐环境杂乱：不少家庭在吃饭时看电视、高谈阔论，孩子好奇心强，很容易分散注意力。

家庭娇生惯养：现在独生子女生活条件过于优越，什么好吃的都不缺少，所以引不起吃饭的兴趣。有的家长怕孩子出意外，对孩子的活动处处加以限制，运动量太少，能量也消耗得少，缺乏饥饿感造成食欲减退。

家长不恰当地使用一些“营养品”“保健品”，其中可能含有激素、苦寒药物等，这会使孩子的胃肠受到伤害，增加肝、肾的负担，影响了孩子的食欲。

家长喂养行为不正确：哄骗、威逼或在吃饭时训斥孩子，造成孩子情绪不佳，对吃饭产生了强烈的对抗情绪，因此厌恶吃饭。有的家长当着孩子的面与别人议论自家孩子吃饭存在的问题，反复强化了孩子不爱吃饭的意识。

家长自身存在着偏食、挑食的问题，孩子耳濡目染来效仿。在许多家庭里，家长不爱吃的食物，孩子可能也不喜欢吃。

家长不为孩子单独制作饭菜，成人的饭菜不宜给婴幼儿食用，或者制作的饭菜单调、粗糙、乏味，不能唤起孩子的食欲。

（2）孩子的原因。

孩子在两周岁后开始出现自我意识，会有自己的反抗期。拒绝吃饭和挑食是孩子向大人强调自己的存在，不希望大人干预他自由的一种表现。

孩子饮料、零食不断：很多孩子对可乐、果汁、乳酸饮料情有独钟，零食过多，使得孩子血糖升高，终日有饱腹感，食欲神经中枢受到抑制。

偏食、挑食造成某种营养素缺乏：微量元素和维生素缺乏。例如，“铁”缺乏时易患缺铁性贫血、消化道黏膜萎缩，消化功能减弱。“锌”缺乏会影响味觉素的形成，降低味蕾功能，出现味觉下降，出现厌食或异食癖。

只要找对了原因，对症施治，让孩子爱上吃饭就不是难事了。

16. 孩子不接受批评怎么办?

和许多成年人一样，孩子们也喜欢听表扬，反感批评。那些难以接受批评的孩子长大后，也大多会对批评持“敬而远之”或干脆“拒之门外”的态度。让孩子在幼儿时代就学会接受批评，无论对一个人完整人格的塑造，还是对促成其事业的成功，都具有积极的意义。

教育孩子，当然应该坚持以表扬为主，但也要有意识地让孩子既听到正面的肯定，也听到反面的批评。此时，应注意批评孩子一定要语气温和，分析中肯，而且以更多的表扬为前提，有意识地使孩子体会到：批评和表扬同样常见。事实上，在儿童时期就能适应批评的孩子，长大后往往也较能适应社会，其中包括拥有正确对待来自他人的批评乃至非议的平和心态，以及较强的承受挫折的能力。

很多孩子很有自信，做什么事情都有主见，但是不能接受批评，一批评就产生抵触心理。孩子不能接受批评怎么办？怎样才能让孩子认识自己的不足，逐渐进步呢？如何把握表扬和批评的尺度？

一个人有自信是好事。但是，人不能过于自信。过于自信，容易自以为是，骄傲自满，不易接受批评，听不进别人的意见或建议。因此，必须尽早加以克服。孩子不易接受批评，一般可能有两个方面的原因。

（1）平时家长对孩子要求过高、过严、过苛，孩子怎么表现家长都不满意，批评过多、过频，使孩子觉得自己一无是处。因此，引起了孩子的反感。时间久了，可能会产生抗拒批评的心理。

(2) 对孩子表扬过多、过滥，不管孩子做得如何，家长总是把“你真好”“你真行”“你真棒”挂在嘴边，进行无原则的廉价的所谓“赏识”。那不是教育，而是在“哄孩子”。

如何纠正孩子不能接受批评的缺点?

(1) 发现孩子的缺点或毛病，家长先不批评，而是引导孩子自己反思、反省，减少对立情绪。

(2) 可以有意创造一些教育情景，使孩子暴露其缺点或毛病，家长及时指出，令孩子口服心服，无法抵赖。

(3) 对于这样的孩子，表扬和批评尤其要注意讲究分寸，拿捏尺度，不可夸大，实事求是。

(4) 冷静处理。这不意味着对批评默许。父母应当教育孩子对批评的合理成分要虚心接受，甚至可以为孩子列出改进的办法或措施。当然，对批评者的感谢更能体现出接受批评的诚意。要求孩子掌握的“冷处理”技巧包括不要对批评者反唇相讥，不要“自卫还击”，不要夸张，等等。相反，家长应在认真倾听的基础上冷静地分析出尽可能多的合理成分。

(5) 当批评不符合事实时，也应允许孩子做出解释，因为让孩子虚假地表示接受批评而心里大感委屈，实际上不仅于事无补，还可能引发种种弊端。与此同时也要让孩子明白：解释的目的并不是推卸本来应负的责任，同时还应要求孩子在解释时保持心平气和、实事求是。

17. 为什么不要打 2 ~ 6 岁的孩子？

首先我表明立场，无论孩子多大都不能打，父母一旦挥起巴掌或向孩子抡出拳头就证明自己无能为力了。父母打孩子是下下策，或者都不能算是策。为什么我强调 2 ~ 6 岁这个年龄段呢？因为这个年龄段的孩子天性使然，绝对有时不时惹怒父母，让父母抓狂控制不住情绪，从而失控向其动手的可能。2 岁以下的孩子，一般父母是不会动手的，因为太过娇弱，父母也会于心不忍，6 岁以后的孩子，要么懂事能沟通，要么已经具备了反抗意识，不轻易给父母动手的机会。所以，2 ~ 6 岁的孩子，才更需要父母格外的在意，尤其对于他们的错误，不能动用“武力”。

新时代的父母，已经没有了“不打不成器”的观念，大部分父母都努力让自己不打孩子，这应该是一种社会的进步。但也有很多父母在“忍无可忍”的情况下，向孩子动手的。接触过的大部分打过孩子的父母，他们说：“你是不知道，孩子淘起来，气死我了，不打他不解气，打完又立刻后悔，加倍疼惜。”

这样的话熟不熟悉？是不是常态？一定是。打孩子是个非常低级的错误。打之前是高高在上的强大人物，打之后是加倍讨好的懦弱小人，你说孩子能不困惑吗？

在我国，自古就有“不打不成才”的古训。许多打孩子的父母抱有这样的认识：一是孩子是父母的，打自己的孩子天经地义；二是打孩子是家庭内部的事，“外人”没有权力干涉；三是打孩子是为了孩子好，打孩子的父母没有过错；四是很多人都知道“打人犯法”，但是打自己的孩子是两回事……这些认识都是父母站在自己立场上的所思、所想，最根本的原因是在他们眼里，孩子不是一个独立的人，而是大人们的附属物，所谓“为了孩子好”，并没有考虑孩子的感受。

事实上，家庭暴力给孩子带来的不仅仅是皮肉之苦，更多的是心灵的创伤和行为的扭曲。

（1）伤害孩子的自尊心。孩子随着年龄的增长，自尊心越来越强，打孩子是对他自尊心的严重损伤。有的孩子越打越“皮”，从逆反、对抗发展到破罐破摔、自暴自弃。

（2）迫使孩子说谎。有的孩子慑于父母的压力，表面服，内心不服，来个“好汉不吃眼前亏”，学会了见风使舵，看人脸色行事。

（3）对父母怀恨在心。一位母亲惊恐地说：“不久前，我一怒之下打了孩子一巴掌，想不到他竟抓起一把短凳朝我扔来，险些砸在我的头上。他还恨恨地说，‘走着瞧吧，过几年再算账！’想想儿子的话，我的心都凉了。”

（4）容易使孩子形成暴躁的性格。家长对孩子动辄打骂，总会潜移默化地影响到孩子，经常挨打不仅容易使孩子情绪暴躁，而且在不同程度上给孩子做了一些攻击性示范。当孩子与他人相处不尽如人意的时候，当遇到某些不良刺激的时候，很容易产生攻击性行为。有的孩子离家出走，浪迹社会，甚至走上犯罪道路，这与父母的打骂不无关系。

（5）使父母丧失在孩子心目中的威信。有个5岁的孩子挨了父亲的打之后，指着父亲说：“你有什么本事？就会欺负小孩！”父亲说：“我打孩子反而让他瞧不起我，当时真有点无地自容的感觉。”

所以，我们做父母的一定不能打孩子。当孩子犯错误时，家长不要急于打孩子，因为冲动地打孩子，效果往往适得其反。这时候，你可以向孩子说出自己此刻的感受，让孩子知道你对他刚才行为的不满。比如，告诉孩子“我现在心情不好”“你这样做我很不满意”“我不喜欢你这样没礼貌”“你的表现很让我伤心”等。描述自己的心理感受，有助于平静自己的情绪，也有助于让孩子站在父母的角度来想问题，从而促进孩子反思。

孩子犯了错，无须过多批评，让孩子自己承受行为的过失或者错误造成的后果。对于年幼的孩子，家长还可以告诉孩子修正错误的具体方法，指导孩子自己去弥补错误。比如，牛奶打翻了，就不能喝牛奶了。同时，还需要他自己来清理。

这样不但让孩子明白了自己的错误可能导致什么后果，也能够让孩子在承担后果的过程当中产生悔改的想法，有利于避免孩子再犯同类错误。

如果孩子的过错不大，家长可以对孩子已经发生的错误不过分追究，而是通过对孩子的行动加以限制、扣留他喜欢的东西、限制他娱乐的时间等间接惩罚的手段与方式，让孩子记住这次教训。比如，玩具不收拾好，就取消看动画片的时间。

当然，父母最好还要对孩子以后的行为提出明确要求：孩子应该怎么做、达到什么要求或标准，表明对孩子下次行为的期望。比如，如果每次主动把玩具收拾好，可以增加看动画片的时间。

18. 为什么管不住孩子，打骂都无济于事？

在我看来，一个孩子无论多大，只要父母觉得管不住，更严重的情况打骂都无济于事的时候，说明父母对于孩子已经束手无策。既然管不住，一定是管错了。既然打骂都无济于事，一定是方法错了。我们看看教育家陶行知先生是如何做的。

陶行知先生在当校长的时候，有一天在操场上看到一个男孩子拿着半块砖头要打另外一个男同学，他马上制止那个学生，学生立刻把砖头放到了地上。临走前，他让那个孩子十分钟后去自己的办公室。

过了一会儿，陶行知回来了，拿出一块糖对男孩子说："这块糖是奖励给你的。"男孩子满眼问号，不敢接，陶行知说："这块糖奖励你尊重师长。我看到你要打人，制止你，你马上就把砖头放下了，你尊重师长。"

接着校长又拿出第二块糖说："这也是奖励给你的。"孩子仍然很迷惑，还是不敢接。陶行知接着说："我刚才让你10分钟以后到校长室，现在还不到10分钟，这块糖奖励你遵守时间。"孩子更吃惊了。

然后陶行知又拿出第三块糖说："这块糖还是奖励给你的。"孩子还是不明白。陶行知接着说："我刚才去做了调查，你打那个男孩子是因为他欺负女同学，你有正义感，见义勇为。这块糖奖励你见义勇为。"

这时候孩子哭了，说："校长，不管怎么说，我打人不对，我错了。"校长拿出了第四块糖说："你已经主动承认了错误，我们的谈话结束了。"

看了这个故事，你有什么感想？真正的教育家既懂孩子心理又善待孩子，不用责骂和惩罚，孩子便心服口服。也许有的家长会说了，这不是校长处理这个问题吗？假如换成家长，别说四块糖，就是十块糖也不见得有效啊。

的确，在家庭教育中因为亲子双方都有一种心理上的排斥感和教育过程的不畅感，孩子的心态和学习习惯一旦出现问题，家长说十句话，孩子可能连一句都听不进去，甚至嫌父母唠叨，不够理解他，于是针锋相对，用逆反的情绪来对抗。优秀老师能让孩子充满敬畏感。老师可能几句话就能点燃孩子的学习激情，使他们很快就能领悟学习的知识。但我们做家长的不能气馁，我们要学做优秀的家长，不是用打和骂而是用智慧去管教孩子。先让孩子“心悦”才能让他“诚服”。

一位伟人曾经说过：世界上只有两种人不犯错误，一种是死人，一种是尚未出生的人。作为家长，自己也会犯错，绝不能一看到自己的孩子犯错误就火冒三丈，疾言厉色，横加指责。如果做出这样不理性的行为，很容易挫伤孩子的自尊心，使他们诚惶诚恐，自暴自弃，甚至产生逆反心理，亲子关系也会因此而变得紧张。孩子一旦变成这样，就会出现怎么也管不住，打骂都无济于事的状态。我曾经读过这样一个故事。

> 在非洲部落里，一旦有人触犯了族里的法规，他就必须站在一个大广场的中央接受族人的惩罚。他们惩罚的方式是这样的：族里的男女老少都来到广场，按照年龄从大到小逐个讲述这个人的优点，他以前对别人的帮助，对族里所做的善事等，每人说一条。而且每个人所说事例不得重复别人已说过的，必须实事求是，态度认真。这种惩罚要持续到大家都觉得所有优点都已经陈述过为止。那位接受惩罚的人在大家自然、诚恳、宽容的讲述中自然感激涕零，内心愧疚，后悔自己怎么会做出那样的错事。他自己也会下决心再也不做对不起大家的事情了。

如果每一对父母都拥有这个小故事里的智慧，还有难管、难教的孩子吗？

19. 提升孩子自控能力有哪些诀窍？

我与家长接触中经常听到家长抱怨孩子自我控制能力很差：上课时小动作不断；回到家就看电视；写作业心神不定；课外作业也是马虎了事；喜欢吃零食，乱花零花钱……说到底，孩子缺乏自我控制能力。

其实，孩子自我控制能力的强弱与父母训练和培养是分不开的。从孩子的年龄来看，十一二岁时是锻炼其自制力的最佳时机，错过了这个年龄阶段，再锻炼孩子的自制力就要花费更多的时间和精力。我认为教育要讲时机。对于自控力的培养，时机也很关键。尤其对于6~12岁的孩子，如果孩子在这个年龄段逐渐养成较强的自制力，那么对他们以后的成长和发展就会起到极其重要的积极作用。

下面这些步骤，可以训练孩子的意志力从而渐渐达到培养其自控力的目的：

（1）坚持做一些以前不想做的事情。比如做家务活儿等，坚持有规律地做。

（2）放弃自己喜欢做的某些事情，比如不看喜爱的电视节目、不吃零食或甜食等。

（3）为自己定一个明确的目标，比如每天早起完成一项任务、每天锻炼、每天读一本书等。

(4) 做些困难的事情，把目标设定得比较难一些，但并非是遥不可及的。

教会孩子自控是困难的，这需要父母非常努力。教孩子的最佳方式是树立榜样，而不是通过说教。因此，教会孩子有自控力，需要父母也有自控力。满足孩子的每一种渴望对孩子是有害的，但这并不意味着你必须严厉或气势汹汹地拒绝孩子，而是你必须对孩子经常说“不”。尤其是需要设定牢固的规矩，他需要知道规矩何在，需要知道人们对自己的期望是什么，知道这些，会使他心里感到踏实。对于一些家长而言，督促孩子养成自控力的习惯让他们感到像是在虐待儿童。但事实是，你教会孩子拥有越强的自控能力，他日后的人生越有机会拥有更多的幸福和健康。

20. 为什么孩子会“拖沓”与“任性”?

有的家长向我咨询，孩子做什么事情都很“拖沓”，家长训他还非常不乐意，不爱听，表现得非常任性。有这些问题的父母，他们大部分面对的是7~12岁这个年龄段的孩子。在我看来，这个年龄段的孩子是心理发展的关键期，也是最易出现问题的时期。拖沓和任性是孩子反抗父母的两种形式。

“拖沓”是做事情拖拉、没效率，“任性”是不听别人意见、执拗。看起来这两者有明显区别，但这两种现象有着相关性，即任性与拖沓是反映同一种教育方式下的两个不同侧面。

拖沓是在父母控制下孩子较“软性”的对抗，而任性是在父母控制下孩子较“生硬”的对抗。看似只表现了其中之一问题的孩子身上，同时也隐含着另一种问题。

就是说看起来很拖沓的孩子，其实是在用拖沓的手段，说明他的任性：不想按你说的那样做！很任性的孩子，总要以某种或多种方式来表达他的这种执拗个性：要么不等父母话说完，他扭头就走；要么就是你说你的，我拖拉我的；要么就是发脾气；要么就是不吭声……因此说，孩子的拖沓就是他的任性，孩子的任性可以用拖沓来表现。

出现这两种行为的孩子，一定是自信心不足，内心没有足够能量。这种能量我定义为对抗父母的能力。如果父母总是带着挑剔的眼光看待孩子的行为，认为孩子就是有问题，那么，孩子一定会用这两种方法来对抗父母以求保护自己。就像刺猬要用外面尖尖的刺来保护自己内在柔软的心。

拖沓的信息里，隐藏有孩子对父母总是“催促”的不满与报复；任性的种种表现里，隐藏有孩子不得不反抗的敌意。而敌意说明父母与孩子的交流中，父母很少甚至没有承认或接受过孩子的情感，而是对孩子过多干涉。拖沓、任性的孩子的父母，一定是用成人对效率的要求在“训练”孩子。

拖沓与任性的孩子的父母，必有以下行为模式：性格急躁、思维反应快、处事较果断、高价值观、高期望值、讲究效率、喜欢操控和教导人。他们养育孩子的方式，主要以说教、给现成的答案、命令为主。“你要……”“你应该……”“你不应该……”等。在这种行为模式下，孩子感受到的是：总有人为我安排、操心、做事，而不必独立思考。因而难以养成对自己行为负责任的能力。

造成孩子的这种问题的父母，一定要避免以下几种错误的教育方法：

（1）粗俗的语言。

父母的语言对孩子影响最为深刻。一些父母在家里不讲究语言文明，夫妻间经常出言不逊，言语粗俗，对孩子骂不绝口。这些粗俗的语言像病毒一样毒害着孩子纯洁的心灵。

（2）暴躁的脾气。

有些父母脾气暴躁，性格乖僻。开口便骂，举手便打。在家庭生活中，孩子常是父母坏脾气和坏性格的主要受害者，他们经常被父母的大发雷霆吓得胆战心惊。父母这种反常的心理状态，对长期生活、成长在自己身边的子女，影响甚深。心理学家认为，孩子的坏脾气和坏性格与其说是从父母那里“传”来的，不如说是从父母那里学来的。要么孩子会学得很坏，要么孩子就会变得任性。

（3）夫妻关系不融洽。

如果夫妻间感情不融洽，关系紧张，势必危害孩子的身心健康。在恶劣的家庭气氛中生活，孩子纯真活泼的天性会受到压制，饮食、睡眠、学习、游戏等都会受到不同程度的影响，身心受到摧残。

（4）不良习惯。

不可将不良习惯看成是小事，不良习惯对孩子的身心健康影响深远。父母懒散、贪睡、不讲卫生，孩子看在眼里，记在心里，学到身上。有位小学教师发现一个有趣又发人深省的现象：班里那些个人卫生差的学生，其家庭卫生往往也较差。可以说，孩子的不良习惯主要来自家庭。

父母的一言一行，无论是美丑善恶、高尚卑俗，都会深深地在孩子的脑海里扎根，直接影响他的身心发育和成长。因此，要想孩子身心健康、有所成就，父母应该加强自身的修养，言传身教。

21. 家长必须具备的成长思维是什么？

如果问父母一个问题，需要教育的是孩子还是父母？我相信大部分父母都会陷入沉思。其实，在我看来，孩子是来度化父母，让父母再成长一遍的。所以，作为父母必须具备几个成长思维。

思维一：我是有学历的成功人士，我不一定能教育好孩子。

具有高学历的人很多，但提及他们如何教育自己的孩子，可能都会说出一套理论和个人的方法。很少有人会冷静思考，我究竟会不会教育孩子。我们生长在中国，我们的血液里也不知不觉地遗传了先辈对教育的认识，这就是教育基因的惯性遗传。由于教育基因有惯性遗传，每个家长几乎不需要有任何认真考虑就可以立即拿出一套说得头头是道的教育方法。从而一生只做孩子教育的执行者，而很少做孩子教育的思考者。在你对孩子的教育中总能找到你父母对你的教育方式，总能找到你周围人对孩子的教育方式，这使得一个国家、一个民族的教育状况在整体上总难跳出相同或相似的大圈子。因此为人父母不管你是什么学历，都不可太自信地直截了当地对孩子进行不假思索的教育，而要耐心地、谦虚地从头学习和研究你孩子的个性化的教育问题，要思考如何摆脱自己对教育的片面认识和不自觉继承而实现“教育突围”。

思维二：孩子是经由我而来，但不完全属于我，他属于他自己。

如果孩子是一棵树，而你让他长成了草，你就是侵犯了孩子的成长权。且不要以为为人父母给人衣食就是问心无愧的父母了，如果不了解自己的孩子，用盲目的、不合适的教育，干扰或践踏了孩子的成长权，这是为人父母最大的失职。这也是天下每个孩子的父母都应该思考的问题。

思维三：我们虽然是父母，但真正“懂”孩子吗？

很多家长自信地说，孩子是我生我养的，我还能对他不了解吗？而事实上“睁眼瞎”、不了解自己孩子的家长比比皆是。有的“全职”家长别看天天和孩子在一起，其实完全是孩子面前的陌生人。懂孩子是有一定难度的，甚至需要点天分，你没看很多人都养小猫小狗吗？可养起来大不一样，有的人可以达到和自己家宠物“说话”的程度，有的人就是在傻养。懂孩子也和懂宠物一样，需要你用心观察思考才能懂。

思维四：我们有没有忽视孩子呢？

很多父母很忙，忙着赚钱忙着工作，把孩子托付给老人，甚至让孩子成为留守儿童，还美其名曰这是为了孩子好，为了给他更好的未来，其实这就是一种忽视。忽视孩子成长不可逆，忽视陪伴的重要性，忽视自己的责任。如果能意识到对于孩子的忽视，父母就具备了成长的思维。

当然，父母的成长思维还有很多，如果我们能做到以上四个，在亲子教育上已经迈出了很大一步。

22. 你能尊重孩子的局限吗？

无论多么优秀的人，都有自己无法克服的局限，让孩子从小养成善待自身局限的态度，宽容地对待自己，那么，在以后的成长过程中，他就不会因为自己的某个局限而轻视自己、放弃自己。在每个年龄阶段，孩子会有不同的局限：

一岁之前的孩子不能单独走路；

二岁的孩子还分不清你我；

三岁的孩子以自我为中心，认为所有人的感受都跟自己一样，不能理解他人的不同感受；

四五岁的孩子无法想明白抽象的道理；

六七岁的孩子缺少跟同伴交往的技巧……

一些局限在成人看来不算什么，但是孩子无法超越、无法克服。尤其是六岁之前，孩子犯的很多错，都是缘于自身成长局限。

这时，父母面对孩子局限的态度，将影响孩子一生。换句话说，假如父母尊重孩子的局限，不嘲弄不打击，接纳孩子的局限，知道这是孩子成长过程中的必然经历，不大惊小怪，那么，孩子也会善待自己的局限，不厌恶局限。反之，孩子在成长过程中会慢慢讨厌自己，不喜欢自己，因为自己总是有那么多解决不了的局限，为此纠结郁闷，滋生不良情结。

无论多么优秀的人，都有自己无法克服的局限，让孩子从小养成善待自身局限的态度，宽容地对待自己，那么，在以后的成长过程中，他就不会因为自己的某个局限而轻视自己、放弃自己。

父母如果明白了孩子生命发展过程中的局限，就能与孩子换位看问题，孩子遇到一些不能完成或父母认为他们没有尽力去做的事情，不是他们不想去做，而是他们还不能。

比如，父母总希望给五岁的孩子报一个钢琴班，他就应该每天心情愉快地去学，用心努力去弹；

比如，父母总希望六岁的孩子能体贴父母，不乱花钱，守规矩懂礼貌；

比如，父母总希望十岁的孩子能博览群书，琴棋书画样样精通，就该学习轻松遇考必争第一……

凡是对孩子要求苛刻的父母，一定没有尊重孩子的局限，以为孩子都是神童，都是天才，都该无师自通，或一学就会。当然，我不排除有少数孩子是天才，但大部分孩子都有他自己的步伐，也有他的年龄和阅历带来的局限，如果父母都能尊重孩子的局限，不将过重的担子给孩子，那么孩子才可能轻松应对挑战，获得更好的成绩。

23. 是孩子有了问题，还是父母有了问题？

王人平在微博上说过一段话：你的今天，就是孩子的明天，你今天对孩子喊，就别怪他明天对你叫；你今天对孩子没耐心，就别怪他明天对你不耐烦；你今天训孩子不如别人优秀，就别怪他明天怨你不如别人爹妈有权势；你处处苛求孩子完美，就别怪他自卑懦弱；你习惯打骂孩子，就别怪他崇尚暴力或奴性十足；你自己界限不清，就别怪他不负责任。

来参加我的课之前，大部分家长会向我提出一堆关于孩子的问题，等课上完了，再让他们回头看是不是所有的问题都出自孩子的时候，他们就会反思，不是孩子有了问题，是父母有了问题。或者更确切地说，是父母教育的思维和看待问题的角度出了问题，才会出现那么多父母眼中的“问题孩子”。

在我们的潜意识中，仿佛孩子有问题，都是孩子的错，与家长没有什么关系。所以很多家长会不厌其烦地甚至理直气壮地跟人讲他的孩子如何如何不听话，自己如何如何辛苦而孩子又是怎样不懂事。其实这是无知导致的误解。

卢梭说过：“我们对待别人的态度是根据别人对待我们的态度决定的。”孩子是从他的生活环境之中学到的如何应对生活中各种事情的方式方法（奥地利心理学家阿德勒将此称为“生活样式”）的。如果一个孩子对人没有礼貌，那我们可以肯定：第一，这个孩子曾经被“没礼貌”地对待过；第二，没有人教会他如何礼貌待人。同样，一个孩子不愿意学习，那我们可以断定，在这个孩子的生活经验里，第一，没有体会到学习的快乐；第二，没有人教会他如何学习。

如果孩子的教育出了问题，那多数是家长有问题。我们都知道没有家长刻意要把自己的孩子教坏，我们之所以说孩子有问题是家长有问题，是因为在教育孩子的事情上，家长要负完全的责任。我们要永远记住，孩子没有带着任何错误的观念和缺点来到这个世界上，他们出生时就像一张白纸，后来涂抹上的一道道缺点印痕都是我们家长所为：有些是我们家长因为无知所为，如我们不懂教育学和心理学所犯的无心之过；有些是我们的错误观念驱使我们所为，例如我们认为孩子必须听我们的话因而强迫孩子服从由此所犯的过错；还有些是我们因为自己无法控制自己所犯错误所为，例如我们自己情绪失控却把怨气撒在孩子身上所犯的过错，等等。

所以，作为家长，在关注孩子的问题的时候，先观照自己是不是有问题：

（1）如果您的孩子喜欢谴责别人，是因为平时您对他批评过多。

（2）如果您的孩子凡事喜欢抱怨，是因为您对他总是挑剔。

（3）如果您的孩子喜欢对抗，是因为您对他有敌意和强制。

（4）如果您的孩子不够善良，是因为您是一个缺少同情心的人。

（5）如果您的孩子胆小、羞怯，是因为他经常被嘲弄、辱骂。

（6）如果您的孩子不跟您说心里话，是因为您总翻孩子的老账。

（7）如果您的孩子不辨是非，是因为您专制，没有给孩子自主思考的机会。

（8）如果您的孩子很自卑，是因为您对孩子总是失望，不能耐心鼓励。

（9）如果您的孩子嫉妒、敏感、怕受伤，是因为您的家庭没有宽容和温暖。

（10）如果您的孩子不喜欢自己，是因为您对他缺少接纳、认可和尊重。

（11）如果您的孩子不上进、不努力，是因为您对他要求过高他做不到。

（12）如果您的孩子很自私，是因为您对他太溺爱，要什么给什么。

（13）如果您的孩子不懂父母的苦心，是因为您没有教会他理解别人。

（14）如果您的孩子退缩、逃避，是因为遭到了您的轻视和打击。

（15）如果您的孩子懒惰和依赖，是因为您替孩子做的事和决定太多了。

（16）如果您被孩子控制了，是因为您不敢严厉管教，总是哀求孩子。

（17）如果您的孩子撒谎、骗人，是因为您不够宽容，喜欢惩罚孩子。

（18）如果您的孩子冷漠，攻击他人，是因为您对他的讽刺和冷眼太多。

（19）如果您的孩子有暴力行为，是因为您常用暴力来处理孩子的问题。

24. 努力成为好家长的我们，到底做错了什么？

毋庸置疑，每个父母都想努力成为好家长。而这个“好”的标准又因人而异。有的家长可能认为，对孩子大包大揽不让孩子吃苦受累就是好家长；反之，也有家长认为让孩子吃苦受累锻炼孩子有担当是好家长；有的家长可能认为，陪伴孩子学习、做作业，让孩子面对烦累的作业不要孤军作战是好家长。反之，也有家长认为不陪伴孩子学习和做作业，让其学会独立自主才是好家长；有的家长认为放手让孩子经风雨见世面是好家长。反之，有的家长认为让孩子安全不受风吹雨打才是好家长。想要努力成为好家长的我们究竟怎么做才是真正的好？我们努力成为好家长，有没有忽略了什么却浑然不觉呢？

在这里，我们看看 Tim 博士的 7 点建议是怎么说的：

（1）我们不让孩子经历风险。

我们生活在一个危机四伏的世界中。“安全第一”的原则让我们生活在失去孩子的恐惧中，所以我们尽全力去保护他们。尽管这是作为家长的义务，但是这种行为存在负面影响。欧洲心理学家发现，如果一个孩子没有“摔倒”的经历，在成年后更容易患上恐惧症。

事实上，孩子们需要经历挫折以完善他们对世界的认识，正如如果没有经历过分手，一个人很难获得感情上的成熟一样。如果家长让孩子完全避开任何风险，那么孩子将会成为一个傲慢自大的人，而不是一个好的领导者。

（2）我们的帮助来得太快。

由于家长的过分帮助和指导，如今这一代青少年缺乏一些必备的生活技能。当我们给予孩子过多指导，就剥夺了他们自己经历重重困难找到解决方法的珍贵体验。也就是说，这种做法让孩子缺少了一种必要的锻炼和经历，这使他们逐渐远离成为一个出色的领导者。

渐渐地，孩子习惯了在面对困难时等待他人的救助。但在成人世界中，事情并不总是这么美好。换言之，这种做法削弱了孩子的竞争力。

（3）我们过分赞美孩子。

我们往往鼓励孩子做个自信的人，这种思潮的流行已久。在 19 世纪 80 年代，这种思潮出现在学校教育体系中。当孩子加入一个小小的棒球队，你可以发现他们每个人都是赢家。人们似乎自然而然地认为，这种做法将极大地鼓励孩子，帮助他们建立自信心。但调查研究表明，这种做法事与愿违。

孩子们往往会观察到，除了父母以外，不再有人表扬他们。这时，他们就会质疑父母说话的客观性。渐渐地，他们学会了说谎、言过其实、粉饰太平——这一切的发生都是因为他们从来没有面对过真正的现实。

（4）我们将爱建立在物质基础之上。

孩子未必需要每分每秒都在被爱。孩子也许能够从失望中恢复过来，但他们未必能够抵抗溺爱的负面影响。所以大胆地对他们说“不”，让他们为自己希望得到的东西努力。作为家长，我们倾向于在奖励孩子的时候满足他们的所有需求。当家里有多个孩子的时候，我们甚至会感觉只表扬一个而忽略其他是件不公平的事情。但这是不对的。

下次，千万要记得别告诉他们在考试中取得高分的奖励是去商场疯狂购物。如果你和孩子的关系建立在物质基础之上，孩子将会不习惯“没有物质”的爱。

（5）我们不向孩子分享自己过去的错误。

健康成长的孩子正展开双翼拥抱世界。作为成人，父母必须引领他们，但是这并不意味着我们能够在所有方面无微不至。因此，和他们分享你在他们那个年纪犯过的错误能够帮助他们在类似的情景做出正确的选择（避免吸烟、喝酒、吸毒等“负面课程”）。同样，孩子必须学会承担责任，尤其是在他们做错事的时候。告诉他们你在面对相同情景时的感受，告诉他们你从这些事情中学到了什么。

（6）我们错误地将聪明、有天赋和有影响力当作成熟。

“聪明”“有天赋”或“有影响力”是人们常用的对于成熟度的判断标准，因此，家长们往往认为聪明的孩子是足够成熟的。这是不正确的。智商高的孩子，不能说不聪明，但是他们未必成熟。

（7）我们没有以身作则。

作为家长，以身作则，成为孩子的模范是我们的责任。为了让孩子独立、诚实、有爱心，我们就必须做到这些。作为家里的领导者，我们可以先从“说到做到”开始。同时，也要特别注意细节——孩子们绝对会注意到这些。如果你不“抄近路”，那么孩子们也会知道他们不可以这么做。

25. 操心的中国式家长到底换来了什么？

人们一定常听到一句话“我的孩子真是让人操碎了心”。这就是我们中国式的父母常有的一种感受——操心。小时候操心孩子的学习，毕业了操心孩子的工作，工作稳定了操心孩子的婚姻，孩子结婚后父母又开始操心孩子是否要孩子。孩子有了孩子以后，父母又替孩子操心他们的孩子，也就是操心自己的孙子。

其实在我看来，这种“操心”就是一种“惯孩子”和变相“溺爱孩子”。小时候你不敢放手让他对自己的学习产生兴趣，爱上学习，而是要靠父母催逼着似乎是为了父母才上的学。长大了，如果工作本该是孩子自己解决的，又是父母冲在前头托关系、找门路给孩子找个“饭碗”。再往后说就更是“惯”了，孩子结不结婚父母操哪门子心？要不要孩子操哪门子心呢？

我们中国有句古语：“惯子如杀子。”尽管我们有这样的古训，但是大多数父母或隔代长辈们因为“爱孩子”而听不到“惯子如杀子”的声音，看不到“惯子如杀子”的现实，更感受不到这个“惯子如杀子”的体验。因此就不知道这种操心对孩子的危害有多深。

> 《后汉书·仇览传》中，有一个“孤犊触乳，骄子骂母”的故事，讲的就是古代有一个人因为是独子，一直受到母亲的娇惯，但他由撒娇而顶嘴，由顶嘴而骂母亲，最后竟发展为打母亲。一天他见一头母牛的奶子鲜血淋淋，原来是被小牛犄角触伤了，听见别人说：“牛是畜生，可是有的人连畜生都不如。”发现大伙是在说他，才意识到自己的错误，最后改正了自己的行为。

可见，娇惯是溺爱，是扼杀孩子成功的无形杀手。

爱操心的“中国式”父母，不妨学习西方的一些教育模式。

满足他们的合理要求，爱孩子，重视孩子，但不溺爱，培养孩子独立的行为习惯，培养兴趣爱好，培养良好的学习习惯。

良好的生活习惯、良好的思维方式、良好的经济观念，以及好的性格，让孩子受益一生。

使其明白哪些是不受鼓励的；严格要求，但应给孩子适度的活动空间；让孩子学会承受自己该承受的，学会面对自己可以独立解决的事物。

事事代劳的父母，既失去自我，又不利于孩子的成长，最终还会遭到孩子的抱怨。

亲子关系从诞生到死亡，是一个长期发展的过程。我们都应充分享受人的权利，亲子关系在人生的整个过程中将不再单纯是父母对子女无私的奉献，也需要有子女对长辈的赡养和关爱。

各负其责，给孩子和自己一片属于各自的天空。既锻炼了孩子的独立能力，不至于让其逆反，又充分让自己解脱桎梏。

操心的“中国式”父母，舐犊的方式，尚待改进。需转变教育模式，才能拯救孩子，这也是解放自我的唯一出路。

26. 什么才是真正高明的家长？

什么是高明的家长呢？我不止一次被问及，也不止一次地反问自己。然而，从不同的角度有不同的解读。

可以说，真正高明的家长，给孩子的一定是伴随着智慧曙光的教育，是走在发展之前的教育，是全面关怀的教育；但是，要真正实现理想的目标，我们认为最好的教育是“动力先行”的教育。

最好的动力型教育——是能够触动心灵的教育，是能够赏识成功的教育，是能够激发兴趣的教育，是能够舒展心胸的教育，是能够张扬个性的教育，是能够促进创新的教育，是能够养成习惯的教育。

每一个孩子都有他的长处和缺点，虽然孩子的天资有别，学习事物有快有慢，学习成绩也有高有低，但判断一个孩子的好坏，不能只选一个方面。作为家长，不能只凭特长、成绩等某个方面就认定自己的孩子不如别人，没有出息，而是应该善于发现他们的长处，发现他们与众不同的地方，要始终相信自己的孩子是优秀的，积极地赞美自己的孩子，让他们有信心继续发扬自己的长处。世界著名雕刻大师说过：“美，到处都有，对于我们的眼睛不是缺少美，而是缺少发现。”不同的孩子，拥有不同的世界，倘若家长都能坚持用赏识的目光去看待，那你就会发现许许多多美的事物在你的身边。会用赏识眼光看孩子，才是真正高明的家长。

要教育好孩子，当父母的除了平时应该处处为孩子树立榜样外，还要尽可能地鼓励和赏识孩子。前几年，我看了著名赏识教育家周弘的论著，很受启发。现在，很多家长对孩子要求很严格，有错误、缺点从不放过，发现了就及时批评教育，这种不姑息、不袒护、不放任的态度是对的，但一味地批评不符合孩子的心理特点，教育效果并不理想，有时会适得其反。因此，应尽可能地用赏识、鼓励的方法教育孩子。我后来一直用这种方法教育孩子，效果非常好。比如说，我的孩子以前写作业比较潦草，我爱人总是批评他、罚他重写，孩子虽然赌气照做了，可没什么进步；后来，我对孩子说，你作业写得那么潦草，老师同学会看不懂的，妈妈让你重写是对的，我的孩子最乖了，我相信，你第二遍会写得比第一遍好。孩子听后高兴地重写，结果，作业写得很工整。

每个孩子都有一定的长处，只要父母愿意用一双爱的眼睛去欣赏孩子，每一个孩子都是值得父母骄傲的。父母在教育孩子的过程中，最容易犯的错误是把自己孩子的短处和别人孩子的长处比，甚至把别人的孩子过度地美化和夸张。也许父母这样做的出发点是好的，是想给自己的孩子树立一个榜样，可事实上却给孩子带来巨大的伤害，甚至会因此影响孩子的一生。

27. 孩子眼中父母的“幼稚”言论，你中招没？

家长在孩子面前说话不注意，以为无伤大雅或者对孩子并不能产生什么影响，其实，孩子很小的时候就是个复读机，大人说什么，孩子会模仿什么。等到大一些，则变成了接收器，父母对他说的任何一种语言他们都会接收并转换。你说的是积极正面的语言，孩子转换出来的结果就是正面和积极的行为；反之，父母的言论是负面消极的，孩子的行为就会转换成消极和负面的。所以，父母在平时要经常自我检查一下，自己的言论有哪些是“不好”的，或者是“幼稚”的。

（1）总是问，爸爸好还是妈妈好。

对于这个问题，我相信很多父母不经意就说过。不论是爸爸还是妈妈，只要提出这样的问题，孩子要么会显出茫然无措，要么就有了分别心，在他小小的内心就开始挣扎或考虑，要如何应对问话的人。如果是妈妈问，孩子可能会说，妈妈好。爸爸问，可能会说爸爸好。这无形中教给了孩子变相说假话。这样的问题一概不去问。妈妈和爸爸对于孩子来说是完全等同的角色，缺一不可。爱也是同样的重量，不用分出谁好谁坏。即使实在想听听孩子对父母的评价，也要有智慧地让孩子来说，而不是这样直接问。不如换个说法："孩子，你对爸妈有什么意见，或者你觉得爸妈有哪些地方做得不够好，你教教我们如何改进？"这样一来，孩子就会觉得自己被重视，在分析父母的情况时，也会慎重而客观。

（2）总说，你不如谁谁谁。

动画片《大头儿子小头爸爸》里，大头儿子因为围裙妈妈说，你看小明如何如何好，大头儿子生气了，冲着妈妈说："那你给小明当妈妈吧。"我们现实中的父母经常不经意会说自己的孩子不如别人家的孩子，这样孩子会非常受伤。父母都有一颗望子成龙、望女成凤的痴心，然而一面攀比一面打击孩子的习惯，从根本上说是在慢慢毁掉孩子的自信心。4 岁以下的孩子，如果总听妈妈说自己不如邻居及同事的某个小孩，心理压力会增大，会有被抛弃的恐慌。而当孩子渐渐长大，意识到自己再怎么不合父母的意，父母都无法抛弃自己时，向上的动力也会消失，这个时候孩子就会变得疲沓，任何批评都无法触动他。

（3）总说慢点，小心，注意安全。

父母带孩子出去，尤其是妈妈，经常会担心孩子摔着、磕碰着、被坏人带走等危险。诚然，现在的多数家庭只有一个孩子，孩子的确像是一颗掌上明珠，父母都爱得小心翼翼，但是一味说这样的话，孩子就会变得胆小，凡事不敢尝试。在为孩子提供过度保护的父母眼里，孩子缺乏本能的自我保护能力，需要父母撑起保护伞亦步亦趋。大多数父母不会想到自己的言行，给孩子造成世界处处是陷阱的错觉，最终将使孩子拥有相当极端的性格，要么性情封闭内向、怯懦无比；要么成为胆大妄为的青少年。因此，与其过度保护，不如规定几条基本的原则，或让孩子懂得自我保护的几点要诀后，大胆放手，让孩子在尽可能大的活动范围内尽心体验自由。

（4）总说要跟成绩好的学生做朋友。

很多父母在孩子交朋友方面给出的言论是，一定要找那些学习好、成绩好的孩子做朋友。无可厚非，学习好的孩子当然能给孩子树立榜样，父母有没有想过，如果一味灌输孩子找学习好、成绩好的孩子做朋友，孩子会接收到什么信息？孩子会认为，普通的、成绩一般的孩子就是不可交的，或者是不应该交的，这给孩子带来的价值观是有偏差的。因为，一个人的好与不好绝不单纯体现在学习上，而是体现在方方面面。中等甚至差生不一定就是品德不好的孩子，父母要做的是让孩子跟品德好、思想好的孩子做朋友。即使遇到了真正的“坏”孩子，也让孩子因为跟他交朋友而去影响对方成为好孩子。功利心较强的父母都希望孩子能交到榜样朋友，认为只有交到的朋友强于孩子，孩子才能从朋友处有所获得。这样去理解朋友二字未免过于狭窄，想一想你交往的朋友都在学历或仕途上强于你吗？一个你喜欢的朋友，可能是以他的善解人意、他的诙谐风趣打动你，孩子也一样。

（5）总说，一定不要吃一点点亏。

父母经常给孩子说，在外面跟小朋友玩儿，一定不能吃亏。别人打你，一定要打回来。当然，每个孩子都是父母的心头肉，都舍不得让孩子受委屈。但是，我想说，真正的强大一定是别人打你一拳，你回击他两拳吗？我看未必，孩子是一个社会人，学会一定的社会生存法则是应该的，但这个法则绝对不是以牙还牙、以眼还眼的回击。捍卫自己的权利是对的，但有时候吃一点小亏何尝不是福气。往远了看，我们的孩子如果能受得了一点点小委曲，吃得了一点点小亏，因而化解与朋友之间更大的矛盾，对于孩子难道不是福气吗？在我们抱怨现在的孩子越来越以自我为中心、越来越不懂得宽忍二字的时候，我们先要检讨自己：作为父母，我们给予孩子有容为大的身教了吗？很多父母教育孩子从小要得理不饶人，这样教育出来的孩子，很可能是缺乏团队协作精神的孩子。为何不对孩子间的些许摩擦一笑了之？放手由孩子自己去处理伙伴间的矛盾，对其未来的人际交往能力，将有莫大的益处。

所以，好父母时刻要提高自己的修为。要先管好自己的言论，知道哪些不应该说，哪些应该换个方法说，哪些言论坚决不说。只有这样，我们的孩子才会在接收父母的好言论方面变得更聪明、更有智慧。

28. 你是在"和"孩子说话，还是"对"孩子说话？

如果问及父母，会和孩子聊天吗？父母一定会以笑应对，觉得这个问题有些可笑，哪个父母不会跟孩子聊天呢？会说话的人就会聊天，这不是人的本能吗？别太自信，很多父母知道跟孩子说话，但不知道如何说才是正确的聊天。比如，父母是"对"孩子说话，还是"和"孩子说话，意义大不相同，结果也会完全不一样。

"对"是在告诉他，我们要他怎样，是在让他顺从，是我们在思考。而"和"孩子说话，是我们和他一起思考，找寻解决问题或改善情况的方法。

我们假想一个场景，妈妈无意间听到两个孩子因为玩纸牌时其中一人作弊而发生冲突。开始的时候，妈妈保持了中立，没有介入。过了一会儿，两个孩子心平气和的时候，她觉得还是有必要讨论作弊这件事。她跟孩子们说："你俩都知道，作弊不对，而且作弊也让游戏不再好玩。那你们为什么不好好遵守游戏规则呢?"虽然妈妈的口气很和善，但这不是在和孩子讨论，这是说教。这是妈妈的逻辑，不符合孩子的心理。另一种方式：一两天后，妈妈跟孩子们说："我有件事想不明白。"俩孩子会很好奇，妈妈有什么不明白的事?这样妈妈得到了孩子的注意，然后她说："当两个人玩游戏时，其中一个人作弊，接下来会发生什么?""他们会吵架!""那你们觉得，为什么那个人要作弊呢?"

然后倾听孩子的回答。这样，妈妈就可以了解两个孩子各自的想法。通过类似这样的提问，妈妈就会清楚俩孩子对作弊的认识。最后，妈妈可以说："我很高兴了解你们的想法，这对我也很有帮助。"

妈妈在播下思考的种子。她不需要给孩子讲道理——什么是对的，什么是错的——而是引导孩子自己发现：问题在哪儿?怎么解决?让孩子思考，然后静观其变。如果我们一开始就指责其中一方有错，那没人能听得进去。不论是孩子还是大人，都不喜欢在被指责时面对问题。

"对"孩子说话，是在告诉他，我们要他怎样，是在让他顺从，是我们在思考。而"和"孩子说话，是我们和他一起思考，找寻解决问题或改善现状的方法。

如果我们不能平等地和孩子坐下来共同讨论问题，那他才会为所欲为，我们的行为对孩子没有任何影响。我们只能赢得孩子的合作，不能强迫孩子合作。赢得合作的最佳途径，是每个人都放心地畅所欲言，共同找到解决方法。还有一些父母，想跟孩子聊天，不知道该如何问问题，一不小心就变成了质问。所以，怎样问话，是个大学问。我们举一个简单的对话例子。

孩子跟大人不一样，他们很难理解抽象的问题，也很难回答。因此，想要了解孩子在学校的概况，要尽量避开“抽象”“大范围”的问题。不妨改问一些很简单、一定有答案的问题，而且要从细节开始。

不要问：“你今天在学校过得如何？”“你今天在学校做了什么？”这种问题，孩子很难回答，或是只会简单回答：“还好。”“没做什么！”这样会让聊天很难持续下去。

你可以改问：“你今天在学校上了哪些课？”当孩子说出自然、音乐、语文的时候，你就有机会接着问：“那自然课今天教什么？”孩子就会接着回答你的问题：“教气象啊！什么气温、风向的，无聊死了！”“噢！那音乐课有没有好一点儿……”你就可以借机了解他今天做了些什么，并持续交谈下去。

如果孩子不愿意探讨学习上的问题，则可以以一些小事作为切入点：

“今天的营养午餐（或点心）有哪些呀？”

“你们班上谁吃得最多？谁吃得最慢？”

“你今天早上去学校跟谁玩？早自习在做些什么呢？画画课画些什么呢？”

“你们班最受欢迎的男生是谁啊？你喜欢谁呢？”

借由一些生活小事打开话匣子比较容易，这些问题简单易懂，孩子通常都会争先恐后地回答，不会感觉到压力。很多父母有抱怨，孩子总不跟自己谈心，有心里话也装着不说。这就要求父母一定从小与孩子多聊天，从小习惯了跟父母聊天的孩子，会把父母当成很好的聊天对象。即使不断长大，也会与父母探讨。

29. 对孩子的问题家长有哪些不同的回应方法?

家长经常会说:“一样的孩子,怎么就不一样的发展呢?”这话不假。很多父母只是看到了一样的孩子,没有看到每个孩子不一样的父母。对同一个问题,父母不同,回应方法也会不同,那么造成孩子的认识和体验也就有了很大的差别。看下面一个案例:

暖暖的太阳底下,孩子看到一只在晒太阳的小猫咪,禁不住对妈妈说了这样一句话:“妈妈,这个猫咪好可爱啊!”

A 妈妈的回答:“妈妈看到了,真可爱啊!”

解说:妈妈重复了孩子话语中的跟情感有关的词“可爱”,由此营造的氛围是幸福的,因为这个妈妈心中充满爱,她欣赏孩子的一举一动,孩子也因为被妈妈关注和认可而感到温暖和幸福。这种孩子的性格一般比较健康,因为他们在妈妈爱的光环下,他们很快乐、坦率。

B 妈妈的回答:“你作业写了没?”

解说:妈妈这样回答暗含了这样的意思——你的作业还未做完,竟然还有闲情逸致来关心猫咪?这样的妈妈常常让孩子感觉很无趣,甚至反感。如果孩子经常得到妈妈类似无关的反应,他长大后会感觉到跟别人沟通是一种很愚蠢的事情,他们的性格也往往冷漠,不喜欢交际，喜欢将事情埋在心里。

C 妈妈的回答："有个孩子被猫抓了之后得狂犬病死了！"

解说：这是典型的"情感逆转"型妈妈，比如孩子跟她说蛋糕真好吃，妈妈就说有个人吃了蛋糕得糖尿病；孩子说今天钓鱼很快乐，妈妈就说钓鱼会淹死人……这样的妈妈一开始让孩子感觉索然无味，渐渐地，孩子会愤怒，因为孩子的情感被漠视、被扭曲，家里的氛围也被妈妈营造得很压抑，不能说这样的妈妈不爱孩子，其实她们是在用"自虐"的方式来表达爱，但是，孩子会痛苦，最终落荒而逃。

D 妈妈的回答：不吭声、不回应。

解说：这是妈妈对孩子的冷暴力。即使是成年人被如此不闻不问地对待，内心也会尴尬。妈妈时常对孩子不回答、不理会，会让孩子变得沉默。长期被漠视的孩子，他们的性格会变得敏感，容易自暴自弃，成年后可能有自虐倾向。

这个案例说明了什么？语言不仅有力量，还能决定孩子的命运！正面的语言培育正能量的孩子，这不仅能让孩子保持活力，而且对孩子言行、性格、心理也有正面的促进作用。另外，上面四种妈妈，除了自身性格使然，更大的原因是她们是否有一种欣赏孩子的目光，只有欣赏孩子，才能从嘴里说出让孩子感觉到正能量和幸福的话语，孩子生活在被欣赏中，他们更自信，成年后也能获得更大的成就。

不同的妈妈会运用不同的语言，而这种语言的力量才是造成孩子与孩子不同的最大区别。生活中，孩子一天天长大，不仅仅是要面对一只猫、一条狗的事情，在很多事情中，孩子都会有看法和问题，如果父母的回应不科学、不智慧，那么孩子的本来该向上、向外发散出的智慧光辉也会被扼杀。所以，对于同一个问题的不同回应会造成不同的孩子。

语言的不同会造成养育风格的不同。父母的养育风格，可以分为四种类型。

（1）权威型父母。这类父母的特点：关心孩子，倾听孩子，对孩子的需要能作出敏感的反应，给孩子贴心的帮助，让孩子感受到温暖和关爱。对孩子提出明确的要求，这些要求是一个人适应社会所必需的，而不是从父母自身的喜好或者情绪出发的，因此也是理性的、一贯的。向孩子解释为什么要对他提出这些要求，同时鼓励孩子与自己交流。

家庭的气氛：父母和孩子很亲密，情感和思想的交流都很充分。孩子觉得父母可亲可敬，信赖父母，对父母的教育持开放和接受的态度，父母在他心目中有很高的威信。

孩子的发展：孩子易于形成友善、真诚、合作、自立的品质，有较强的自我控制能力，社会适应能力较强，能愉快而自信地学习。

（2）专制型父母。这类父母的特点：对孩子控制得很严，并且要孩子无条件服从自己的各种要求，一旦孩子违反自己的要求，会严厉地惩罚孩子。与权威型父母相比，他们对孩子提出的要求更多从自己的喜好出发，很少跟孩子解释为什么要这样做，使孩子几乎无法独立选择自己该干什么、不该干什么。不关心孩子，孩子感受不到他们的温暖和支持。

孩子的发展：在这类家庭中长大的孩子，往往容易形成行为上的两面性，而且焦虑、退缩、不满、对人缺乏信任，同时也缺乏自信、心情不开朗，容易产生报复心理和攻击行为。

（3）纵容型父母。这类父母的特点：无条件地爱和接受孩子，但对孩子没有要求、不加控制，或者即便提了要求，也不坚持让孩子做到，大有尽量让孩子自我管理的味道。

孩子的发展：由于缺乏指引，孩子常常不知道一件事情自己该不该做、做得对不对。这些孩子看上去是家里的“小皇帝”，但是内心常常焦虑不安，而且心理发展不成熟，自控能力很差，缺乏进取心和探索精神。

（4）忽略型父母。这类父母的特点：更多地沉浸在自己的需要中，既不关心孩子，也不对孩子提要求。对孩子漠然、拒绝，亲子之间缺乏交往和沟通。

父母要努力做合格家长，针对孩子的问题提出合理、科学、智慧的应对方法。

30. 什么样的家庭才能培养胸怀博大的孩子呢？

家长是孩子的第一任老师。家长的素质，家长的修养，家长的教育方法非常重要，往往对孩子的成长起着决定性的作用。父母如果随着自己的情绪好坏来教育孩子的话，那么这个孩子成长过程中一定无所依从，他不清楚自己到底想要什么，也不清楚自己怎样去迎合父母的脾气。如果父母能够控制自己的情绪，在任何时候都能充满理性地跟孩子进行交流和沟通的话，那么孩子一定可以养成心平气和的心态，这种氛围当中成长起来的孩子就能够心平气和地面对困难、挫折、失败等。

普天下的家长无不希望自己的孩子能成为一个大气、有出息的孩子。所谓大气，是一种胸襟，是一种气度，是一种从骨子里透出的魅力。孔子曰：“君子泰而不骄，小人骄而不泰。”什么样的家庭才能培养胸怀博大的孩子呢？

（1）一定是心态平和的家长。

家长是孩子的一面镜子，如果家长在平常的生活里心态平和，热爱生活，顺其自然，看淡名利得失，乐观地接受挫折和失败，那孩子就会在阳光中沐浴，在细雨中滋润，在健康中成长。今后孩子同样会像爸爸妈妈那样积极阳光地生活，将来不管是顺境还是逆境，孩子都会积极面对，乐观接受，努力进取。

（2）有爱心的家长。

一个有爱心的家长往往能培养出有爱心的孩子。如果家长对大自然中的一草一木热爱，对弱小老残爱护，对一切心存感激、懂得感恩，那么这些都会被孩子看在眼里、记在心上。久而久之，孩子也就有了爱心，孩子的心也就正了。心正了，孩子的成长就不会偏离正确的轨迹。

（3）不攀比的家长。

有许多家长总是喜欢攀比，喜欢拿自家的孩子跟别人家的孩子比，比成绩、比特长、比颜值，而且还往往拿自己孩子的短板与别人孩子的长处比。实际上这样做是最愚蠢的，一定会伤害了孩子的自尊，扼杀了孩子的灵性。只有不攀比的家长，才能培养出大气的孩子来，理智地接受人无完人的事实，坦然地接纳自家孩子的一些缺点，明白人与人之间本应有的差别、个性。只有这样，孩子才能形成正确的人生观、价值观。

（4）生活勤俭朴素的家长。

被誉为“千古第一完人”的曾国藩曾经说过，家是兴是败主要看三字：奢、勤、俭。如果一个家庭里的家长都不能做到勤俭朴素，而是生活奢侈，好吃懒做，那晚辈就会照样子懒惰、奢侈，这个家不败才怪呢。只有生活勤俭朴素的家长才能培养出品行端正、生活勤俭的好孩子来。

(5) 相互恩爱的家长。

孩子最大的安全感和幸福感都来自父母的恩爱。父母的恩爱是塑造孩子健全人格的有力保障。在这样温馨的家庭里长大的孩子自然也会懂得尊重人、关心人，常常以“不以恶小而为之，不以善小而不为”来努力践行。同时，孩子的情商也会得到培养和提高。高情商将会在孩子的人生际遇中起到不可估量的作用。

(6) 有梦想的家长。

俗话说，梦想有多大，人生的舞台就有多大。一个人如果有了梦想，并能为之不懈地努力奋斗，往往就可以梦想成真。我们想要孩子今后在事业上有所建树，对社会、对国家甚至对整个人类有所贡献，作为家长就应该有梦想，给孩子树立榜样。有了梦想，灵魂就永远不会孤寂。

总而言之，要想培养出大气的孩子，作为家长就要率先垂范，做个大气的家长。

31. 教育孩子你为什么没有“耐心”?

我在课上，经常会告诉家长一些儿童教育的方法。然而却听到不少家长说，我可没有像你这么有耐心地教育孩子啊。

我们作为父母，尤其是从事教育事业的父母，最缺的是什么？是方法技巧吗？不是，是知识水平吗？似乎还不是。我们更缺少的是对待孩子的耐心。曾经有一位妈妈跟我说，我对别人都很有耐心，但是一看见孩子做不好，就发脾气，自己也知道不好，就是忍不住。还有一个妈妈说，我越发脾气，孩子越不听话，整天心情很糟糕。对照一下我自己，回想起按捺不住性子时对孩子“河东狮吼”的情景，也很惭愧，我也不是一个好妈妈。

但是，仅仅苦恼自己对待孩子没有耐心，等到下一次碰到孩子不如自己的意时“涛声依旧”。做父母的一定要找找原因，为什么对孩子没有耐心。

孩子是父母的掌上明珠，作为父母，都想给孩子最好的，不管是现在，还是将来。所以爱孩子是我们的内心最丰厚的土壤，这一点，我们毫不怀疑。因此，没有耐心的原因不是缺少爱。

那是什么呢？综观很多例子，也联系到自己，有以下几个方面的原因。

原因之一是自己对孩子的期望值不符合实际，期望过高，这样当孩子达不到期望的时候，我们就很失落，心里有了气，这样的气达到一定程度的时候，就像气球要爆破一样，瞬间爆发。比如，我总想让孩子写字的时候态度一丝不苟，写的字工工整整。当发现孩子有的字写得不够工整的时候，就会很不高兴，而看不到孩子已经有很多的字写得很不错。

原因之二是自己忍耐的能力不够。自己内在的素养不够，遇事不能理智。常常看到有人三句话不到就会暴跳如雷。仔细查看其内心，被烦恼所逼，仿佛是一堆燥热的干草，稍遇不顺意的情况，就开始冒烟了，结果伤害了自己，更伤害了别人，尤其是孩子。可是为什么有的人面临同样的情况会安详平静呢？看来，原因不在别人身上，而在自己的内心。

提升自己，和孩子一起成长，是我们做父母的必修课。因为我自己也常常做得不好，所以常常反省自己，懂得了在引导孩子的同时，孩子在很多方面也在鞭策自己。有一种境界叫心如止水，内心清凉如水，所以碰到很多的不如意，他都不会火烧平原。我达不到这样的境界，但是我愿意努力。

原因之三是我们总是盯着孩子的缺点。孩子一天当中偶尔会犯错，其他时间都是按照常理做事。结果，我们因为自己的习气（观察别人的过错），总把孩子的毛病看在眼里，放在嘴边。我们烦，孩子更烦。所以那些有大智慧的人就提倡我们要学会观察别人的优点，叫观功念恩。这样就会从根本上改变我们的习气，眼里看到的都是别人的优点，内心整天都充满了欢喜和感恩，内心生出的都是祥和之气，哪有脾气可发？

原因之四是把其他事情上的不良情绪迁怒于孩子。宽容孩子，允许他们犯错，看似简单，做起来好难，因为我们这些父母是人，不是神，生活的琐碎往往让我们额头长角，心生烦恼，于是迁怒于弱小，这是很可怕的事，需要时刻警醒。

望子成龙是每一位家长的渴望，他们内心确实也想把孩子教好，然而实际实施教育时却没耐心了。为什么这么多家长没耐心去教育好自己的孩子呢？我认为除了人的惰性心理在作祟外，最重要的原因还是家庭教育观念不强，不懂得教育的极端重要性，看不到家庭教育带来的长远利益；家庭教育责任感不强，没有考虑到自己没有耐心会影响到孩子的身心。我经常强调，孩子要多读书，从孩子一岁左右就要给孩子读故事。在我看来，给尚不识字的幼儿讲故事，是培养阅读能力的第一关。幼儿要求母亲每晚讲故事给他听，有的甚至要求一个故事反复讲。然而不少母亲要么嫌麻烦不想多讲，要么因忙于家务事又推脱掉一晚，或者不能坚持给孩子天天讲。不就是一个故事吗？等他自己会看书识字了，自己看也不晚。而大部分父母意识不到，放弃讲故事就是放弃发展孩子语言能力的机会，放弃早期阅读兴趣的培养。如果她能把讲故事和积累词汇、发展语言能力以及培养将来的阅读习惯联系起来，恐怕就不会没有耐心了。

所以：

当孩子打破砂锅问到底时，没耐心的你厌烦的表情，烦掉了他的好奇心；

当孩子慢腾腾穿衣系鞋时，没耐心的你上前帮忙，帮掉了他的独立性；

当孩子要求你陪他玩耍时，没耐心的你忙做其他事，忙出了他的孤独感；

当孩子正向你诉说苦恼时，没耐心的你打断了话语，打跑了他的亲和力；

当孩子汇报不合格成绩时，没耐心的你来一顿责骂，骂掉了他的自信心；

当孩子因怕挨打而说谎时，没耐心的你真给一顿打，打掉了他的诚实观；

当孩子要你再讲个故事时，没耐心的你找借口推脱，推掉了他的求知欲。

我们作为父母，教育孩子要有耐心，孩子犯错要高兴。有些时候我们没有耐心，往往就会粗暴急躁地揠苗助长，伤害孩子的自尊心以及与孩子之间的感情，也错过了帮助孩子成长的好机会。

孩子犯错误之后，父母要帮她分析，问孩子问题，让她去思考，而不是批评孩子，我们批评和指责多了，孩子就不敢做事情了。我们为孩子犯错误而高兴，是因为这给我们提供了帮助她们的机会，给孩子提供了成长的机会。我们要告诉孩子，避免下一次犯同样的错误，从错误当中学到的经验教训是最重要的。

父母要以所能有的耐心，最大限度满足孩子的合理要求。孩子其实就是父母的影子，你以怎样的态度对他，这种态度也会潜移默化地成为他的性格的一部分。你一定不希望自己的孩子成为一个没有耐心甚至是粗暴的人。人的耐心毕竟有限，因此我们需要让他也承受一些忍耐和等待，即使他的要求很合理。例如我在做事，而他要我陪他，我会告诉他，我正忙着，等我做完了某些事情再去陪他。

32. 你对孩子使用“单纯表扬”，还是“客观鼓励”？

很多人都说好孩子是夸出来的，这是有一定道理的。记得有一位教育家也说过，使学生发挥自己最大潜能的方法，就是赞美和鼓励。但是在日常学习生活中，一些老师和家长常常会忽略对孩子的赞美和鼓励，他们总是很容易发现孩子的缺点和不足，而忽视了孩子的长处和闪光点。其实赞美是一种极为有效的教育手段。及时赞美孩子在学习中的每一次小进步，会激发起孩子对自己的信心，能对学习起到积极的推动作用。

但我想说的是，赞美和鼓励还是有区别的。

我们想要改善与孩子之间的关系，或者让孩子减少挫败感的最有效方法，不是单纯赞美而是客观鼓励。其实很多家长和老师分不清这两者之间的关系。因为赞美和鼓励会产生截然不同的结果，所以，家长和老师还是要区别这两者之间的差异的。

赞美是完成一件事的时候所给的奖赏，它注重的是个人利益，通常是有权威的人（比如父母和老师）看到青少年达成某个目标的时候，表示高兴而给的嘉许。这个过程一定要有成功的事实才行，否则得不到。相反，鼓励不一定要在成功的时候才给，凡是有努力，有用心，有改进甚至有兴趣时，都可以给予。鼓励表示是对孩子的优点、长处、贡献、成就都看重，孩子得到的不是奖赏，而是肯定和接纳。鼓励可以随处应用，因为处处都找得到可应用的地方。

赞美和鼓励所输出的信号也不同，父母赞美的时候，所说的是："孩子很听我的话，做得很好。"焦点是父母很高兴，原因是孩子照着他们的话去做了。有的孩子对于这种要求和期望，有喘不过气来的压迫感。鼓励所传达的信息是："最重要的是你自己觉得是不是用心去做了。"

两种方法造成的结果也很不相同。用赞美的方法，孩子学会拿别人的目标来衡量自己能力的高低，他们学会了跟着别人走。怕别人反对，就得服从，讨好别人，这种态度的危害性是，孩子把别人的赞美和自己的价值合而为一，以后会招来挫败感。因为他们可能发展成用不切实际的标准来衡量自己的价值，拼命想达到完美——可是谁是完美的？孩子很可能觉得除非有人赞美，不然就是自己不行，于是他们的选择，做的决定，都取决于别人的赞美而不取决于自己的兴趣。所以，赞美虽然出于好意，其实对于孩子来说是做了一个裁判。比方说"你真是个好孩子"这句话所含的期许可不是孩子轻易就能达到的，如果他有时候不"好"，是不是表示他就是个"坏孩子"呢？又比如说"我们真以你为骄傲"这话的意思其实是"你真给我们长脸"。这些都是赞美，传达的信息：父母站在比较优越的地位来嘉许孩子。而"鼓励"所含的信息则有双方都站在平等的地位之意。

鼓励把焦点集中在孩子的长处和优点上，因为孩子明白自己有什么才干，也自觉有信心、有用。鼓励也等于帮助他们培养勇气——接受自己并不完美的勇气。有时候明知道达到100分是不可能的，他们还是愿意尽力去学习，把错误和缺点降到最低，对自己的行为负责任，能衡量自己的进步，也能判断自己做决定的能力。

所以，学习如何赞美和鼓励才是父母要修的功课。

如何赞美孩子？

首先，赞美不能夸大其词。比如，当孩子画了一幅很漂亮的画后，你要认真地欣赏，然后发出由衷的感叹，但不要说“你画得比其他小朋友都好”这样的话。因为当孩子一旦进入竞争环境之后，在相互有了比较后，却发现确实有别的小朋友比他画得好，会使他对自己的能力产生怀疑，同时给自己添加不必要的压力。

其次，要就事论事。说你做算术很棒比说你真聪明更有效。因为这样孩子才能在这个具体的事情上增长信心，激发他做这件事情的兴趣。如果只是一句干巴巴的“你真聪明”，虽然能够让他感受到这是对他的肯定，但却并不能转化成自信，有时候处理不好会成为孩子“自负”的根源。

最后，赞美要及时。如果赞美与所赞美的事情之间隔了很长时间，孩子已经不能体会到当时做这件事情时的感受，自然这种赞美也就无法转化为信心和动力了。

如何鼓励孩子？

刚才我们说到，赞美不能和所赞美的事情相距太久。鼓励却不一样。鼓励是一种提醒，比如很久以前他的一次成功你也可以拿出来说，帮他对抗现在的沮丧心情。

鼓励的过程其实是一个分析的过程，这个过程中，所举的例子越具体越好。比如希望通过回想孩子原先的一次成功经历来鼓励孩子渡过现在的难关，那就要让他回想当初他为了做成那件事情付出了多少努力，让他体会当时的感受，这些回想和体验会让他对自己产生信心——既然以前的我能做到那么好，现在的我会做得更好。

33. 教育孩子最忌讳的事是什么？

我们常说，教育孩子父母有三重境界：一是最高的境界，既懂教育又会引导；二是不懂教育不去引导；三是不懂教育又乱加限制。我们的家长都有了学习和提高的意识，大部分已经从最低的境界慢慢变得成长和优秀起来。但是，在教育上还是有不经意就犯的错误。有些忌讳我们一定要谨记的。

（1）不停唠叨。

古人有言，死在语言上的比死在棍棒下的更多。这说明什么？语言是一把无形的刀子，能把一个人“杀”死。如果父母总爱唠叨，不看时机，不顾场面地对孩子不停唠叨，这绝对是孩子最讨厌的一种父母的做法了。看吧，如果孩子不小心打碎了邻居家玻璃、数学考了个不及格，我们往往听到的不是“孩子，你要去给张阿姨道歉”“孩子，我们要找到考不好的原因，题到底错在哪?”而是“你整天就知道给我惹祸，能给我省点心吗，前天刚把学校的黑板踢裂了，上星期又与小强打架，上个月……去年……”

或者“你说怎么又不及格呢？你说这几年我为你的成绩都操碎了心了，辅导班报了一大堆，天天晚上陪你写作业，还有你爸爸……”哎，别说是孩子了，就是普通人听到这些也会捂耳朵。结果已然形成，父母这时候做的不是没完没了地唠叨，这样只是在倾诉自己，而全然没有注意孩子此时的痛。很多时候，我们需要给孩子空间，需要给他们自己解释、反思的机会，也许我们误会了他们，也许他们已经意识到错误，你的喋喋不休只会让他徒增烦恼，加深对你的反感。

（2）脾气暴躁。

教育界的专家指出：贫穷不会带来教育的失败，但精神的虐待一定会制造一个问题儿童。而父母的暴躁脾气对孩子就是一种精神枷锁。很多家长把孩子的任性、不听话、顽皮捣蛋归咎在孩子身上，其实每一个问题儿童的背后，必有一个问题父母，这是铁的规律。什么样的环境，造就什么样的孩子。爱发脾气的父母，教育出的孩子容易叛逆、多疑敏感、心里脆弱又好斗。当这样的孩子长大，为人父母时，也会继承父母的坏脾气，出现“发泄伤害、复制暴力”的情况。这时，下一代又成了坏脾气的牺牲品。正如蒙台梭利言：每一种性格缺陷都是由童年的不幸造成的。同时，坏脾气是亲子关系最强的杀伤武器。脾气不好，让孩子不敢亲近，时刻处在担惊受怕中，没安全感，成长中会有各种各样的问题。

比如，6岁的佳佳每天都要在妈妈的监督下练习古筝，刚开始还挺有兴趣，一个月后便有些心不在焉，表现出很大的随意性，妈妈看在眼里，急在心上，不断提醒她并屡屡亲自示范，可佳佳更坐不住了，一会儿喝水，一会儿吃零食，就是不认真学。一直忍耐的妈妈终于到了极限：“你到底学不学！”紧接着就是一巴掌，佳佳的手背顿时红了。

对孩子发脾气、武力惩罚并不能解决问题，还会使母子间的矛盾激化，使本有可能继续下去的学习搁浅，而且还会让孩子产生逆反心理：你让我学，我偏不好好学！这就形成一种恶性循环。

（3）给孩子贴签。

父母太习惯给孩子评价了。不是自豪地猛夸孩子，就是恨铁不成钢地说自己孩子是“恶魔”，笨蛋、认生、小气、内向、害羞、懦弱、暴躁、不自信等，一串的消极评价脱口而出，甚至当着孩子的面说。孩子的成长离不开后天环境的复杂影响，在种种影响因素中，社会评价和心理暗示的作用非常大。夸孩子、损孩子，是当前儿童教育中，典型的“贴标签”行为。而且父母经常贴的是“负面标签”，这是家长非常容易犯的一个错误。不可否认，在成长的过程中，孩子会有调皮、捣蛋等许多的小毛病，但这些都是正常的，做父母的不能总是把眼光盯在这些地方，长期抱怨自己的孩子。其实，真正的原因是父母自己的内心世界出现了认知偏差。当我们给孩子“贴标签”时，他会做出自我印象管理，使自己的行为与所贴的标签内容相一致，这可以称为“标签效应”或“暗示效应”。之所以会出现“标签效应”，主要是因为“标签”具有定性导向的作用，它对一个人的“个性意识的自我认同”都有强烈的影响作用。给一个人“贴标签”的结果，往往是使其向“标签”所指示的方向发展。同时，这反过来强化了“贴标签”的人，使其更“坚定”自己的看法。

一个小男孩跟妈妈逛商场，他看中了一个玩具，妈妈死活不肯买，于是他大哭起来。“你真是个爱哭鬼！能不能坚强点，你是男孩!”妈妈生气道。这就是许多家长经常做的，即习惯给孩子评价。孩子表现好了就一顿猛夸：“小天使”“好宝贝”，令自己不开心了一连串消极的评价便随口而出：“淘气包”“爱哭鬼”“笨蛋”，根本不顾及孩子的感受。而且父母经常贴的是“负面标签”，很容易让孩子产生厌恶感和逆反心理。

(4) 讽刺挖苦孩子。

家长以为靠挖苦、讽刺这种强烈的刺激，能让孩子知耻而后勇，殊不知，这种刺激超越了孩子的心智能够接受的范围，是对孩子人格的羞辱，会刺伤孩子的自尊心。家长采取这样的方式对孩子进行教育，往往适得其反。

经常挖苦、讽刺孩子，会使孩子变得不以为耻、习以为常，无形中对不好的行为有了加深作用，也会助长孩子不诚实和任性的毛病。

父母使孩子经常处于被轻视、被当众贬低或受指责的地位，会使孩子对自己缺乏信心，变得自卑、懦弱，影响潜能的发展。父母挑剔过失、说话刻薄、嘲笑孩子，会使孩子对父母产生怨恨，严重影响亲子关系，造成难以挽回的局面。家长出口成“脏”，缺乏修养的教育方式，会令教育效果大打折扣，甚至失去说服力。

小帅从小就有粗心的毛病，这可为他的妈妈带来不小的烦恼。今年，小帅已经上小学三年级了，成绩还是不稳定，特别是数学，起伏特别大。其实小帅是个非常聪明的孩子，领悟力很高，学什么都很快，可就是改不了粗心的毛病。

妈妈着急，小帅自己也着急。可是，不管小帅怎么着急，每次考试，仍然不是看漏了题，就是计算错误，甚至原本计算完全正确了，从计算纸上照抄到考卷上也会写错。开始的时候，每次考试成绩公布，妈妈都会急着问孩子的成绩。但渐渐地，妈妈对小帅的粗心感到无能为力，也就不怎么关心他的成绩了。

小帅是个上进的孩子，看到妈妈失望的样子，心里很不好受。又到期末考试了，小帅告诉自己，这次一定要仔细，千万不要再出错、再让妈妈失望了。

考试的时候，小帅把计算纸和考卷上的答案，反复检查了好几遍，结果他的努力终于见到了成效，数学考了96分。至于丢掉的4分，是因为小帅思考方向不对，不是由于一贯的粗心造成的。小帅很高兴，心想这次妈妈一定会对自己感到满意了。

谁知妈妈非但没有表扬他，反而冷淡地说："你本来就该考这么高的分。"

小帅的笑容一下子消失了，妈妈的话像盆冷水泼在了他的心上。不久之后，他的数学又考坏了。

有些家长对孩子不进行正面教育，总爱讽刺、挖苦，认为只有这样才能使孩子成才、上进。例如，孩子考试退步时就不管地点、不分场合，讽刺挖苦孩子。

事实上，尖刻的挖苦只会让家庭教育中的障碍增多。

经常被家长挖苦、讽刺的孩子，进步慢，有的甚至失去信心。挖苦会使孩子上进心、自尊心受到伤害，对孩子的精神健康造成无法挽回的严重危害，而且，家长的挖苦往往使孩子变得感情冷漠，对父母失去信赖和依靠，对家庭充满厌恶与反感，进而引发孩子的反抗和报复心理，这很容易造成孩子和父母之间的感情壁垒。因此，赏识孩子点滴的进步，维护孩子的自尊，远比去伤害他们稚嫩纯净的心灵，效果要好得多。

当然，教育孩子父母要面对的问题何止这些？但这些在我看来是最忌讳的。孩子在成长的过程中总会遇到这样那样的问题，父母需要做的不是消极的指责、强加的干预，而要多给他们一些积极、正面的指导和评价，帮他们坚定目标、树立信心，真正身心健康地成长。

34. 教育孩子的最优方式是什么？

作为父母不但要知道哪些教育方式不好，还要学会去寻找最优的教育方式，这样在面对一个孩子不断成长的发展过程中才能做到因材施教，带给孩子也带给自己快乐体会。在我看来，最优的方式无疑是：父母全心全意地爱孩子 + 耐心 + 孩子能明白的方式。

先说爱，对于爱孩子每个父母都知道。但关键什么是爱，父母要搞明白。

教育家苏霍姆林斯基曾经说过："教育的技巧和全部的奥秘就在于如何爱护儿童，高尚纯洁的爱是父母和儿童之间的一条通道。"因此，我们要把打骂孩子、体罚孩子视为耻辱。教育在进步，孩子在进步，作为一个家长应该怎样爱孩子，应该关注孩子的什么？应该怎样表达自己的爱？怎样做才是适宜的教育行为？我们要反思。

（1）要把自己对孩子的爱讲出来。我曾经十分崇尚"此时无声胜有声"的境界，也执着地相信"日久见人心"，甚至把自己的欢喜、爱藏在心里。中国的父母大部分深沉、内敛、含蓄，这本身没有错，错的是，对象没有找对。孩子的年龄特点决定着他们体验爱的独特方式，只有将你的爱说出来，告诉他，让他听到，给他感性的刺激，他才会有感觉，他才体会得到。因此，我们当父母的不要吝惜自己内心的爱，勇敢地把它说出来，让孩子都能有切身的感受：我爱爸妈，爸妈也爱我。

（2）要关注个体差异，不要看别人家的孩子是画画天才就希望自己的孩子也去学画画，而不顾自己的孩子爱踢球，也许可能成为踢球的天才。要看到自己孩子的长项，加以取长补短，扬长避短，这样孩子才能体会到父母的关爱和尊重。

（3）要关注孩子的心理健康。父母经常会在意孩子吃得好不好，穿得好不好，身体发育得快不快，很少去注重孩子内心是否健康愉悦，是否有安全感。父母的一颦一笑、一举一动，甚至一个眼神，都有可能牵动孩子内心敏感的神经，或开朗、或闭塞、或愉悦、或怯懦……因此，孩子心理的健康才应该是我们教育的最终目标。

（4）是耐心。这个不用多讲，前面我已经说过，耐心是成就孩子最好的基石。如果父母连对待孩子的耐心都没有，就别高谈什么爱孩子。爱孩子首先要允许孩子慢慢来，允许孩子按他的节奏进行，而不是父母想让他怎样。我们要把孩子看成是一粒粒没有标签包裹的种子，我们唯一能做的就是给孩子阳光、雨露和合适的土壤，我们不能去改变孩子如何开花或开什么花。

（5）我们传递我们的教育理念，一定要用孩子能明白的方式。很多父母习惯和喜欢给孩子讲道理，而且乐此不疲。其实对于孩子，很多父母认为的大道理，在他们幼小的心里还没能完全搞懂。很多时候，父母讲得已经筋疲力尽，而孩子听得一脸懵懂，他们并不明白父母要干什么。比如，父母想要让孩子明白不能伤害小动物，别踩死一只虫子一只蚂蚁，其实光靠说教没用，还不如给孩子讲个故事，一只小蚂蚁就是一个孩子，如果把它踩死了，它就再也回不了家，在家等它的爸妈就会伤心难过，甚至也会因为思念孩子而死掉。孩子的内心都有一个我们大人不具备的最柔软最善良的地方，用他们能明白的方式告诉他们，让孩子自己去体会，去感悟，才是对孩子最好的教育方式。

35. 做父母的敢于让孩子适当吃苦、受气吗？

我在课上向父母提过一个问题："做父母的你们敢让孩子受点气吗?"很多父母纷纷表示，现在一家就一个孩子，最多也就两个，疼爱还来不及，怎么可能让孩子受委屈。殊不知，在我看来，让孩子受点气，才是最可贵的教育。我们经常在报道里，新闻里看到，某某小学的孩子，因为学习成绩不好，离家出走。某某中学的孩子，考试不理想，自杀。某某年轻人，因为失恋向对方打击报复，甚至开始自残。这些看起来像个例的事情，实际正是当下孩子的真实的反映。孩子们太脆弱了。这种脆弱的根源在哪儿呢？在于父母从小就不敢让孩子受哪怕一丁点儿的委屈和气，像呵护一颗夜明珠一样，碰不得，伤不得，说不得，骂不得，甚至本该让孩子经受的一些挫折，父母都给挡住了。哪曾想，这样的孩子到了社会上，发现再没有人像父母那样保护自己，开始变得不安，不理解，最后选择伤害自己或伤害他人。有个中学生在贴吧里说："他们要是不给我买苹果手机，搞烦了，我就跳楼！让他们伤心一辈子，后悔一辈子!"看到这样的言论，身为父母的我们害怕吗？如果我们从小不让孩子受气，受委屈，将来的他们如何面对他们的学业、人生、交友、婚恋呢？

孩子能不能责罚？长期的责罚会影响孩子的心理健康与人格成长。这里有一个关键词："长期"，即长年累月的批评、指责、打骂，才有可能导致孩子心理扭曲。偶尔的责罚，不但需要，而且必不可少！十之七八的鼓励，十之二三的责罚，最有利于塑造孩子健康的人格。时不时地让孩子受点小气，受点小委屈，其实是一种心理上抗挫折的锻炼。有些家长，因孩子顽劣发了回火，过后还忏悔不已：唉，我不够冷静，太不应该了，下次一定忍住！有的家长说：我都忍出内伤了！何苦呢？该发的脾气不妨发点，只要不过分就行了。如此，家长不会憋出病来，孩子也知道问题的严重性。发完脾气后，把道理及时讲清楚，再做点开心的事，一切都烟消云散了，孩子也得到了磨炼。我们教育孩子不能使用暴力和棍棒，也不能无原则退让和无底线忍耐，这样对于孩子不是爱，是伤害。长年累月以后，他们将没有能力面对自己的人生。

不敢让孩子受点气的父母就等于是在无原则娇惯孩子，惯着是说他明明做错了，你还说对。长此以往，是教育不好孩子的。

有这样一个故事：

有一天，一个小男孩在花园里玩，突然，他发现了一个蛹。小男孩非常兴奋，他把蛹带回了家。

过了几天，小男孩发现蛹上出现了一些细小的裂缝，里面似乎有一个东西在动。

又过了几天，裂缝更大了。小男孩仔细地观察这个蛹，发现里面竟然有一只蝴蝶。这个小蝴蝶在里面不断地挣扎躯体。

整整好几个小时，小蝴蝶一直在努力挣扎。但是，它的身体似乎被什么东西卡住了，看上去非常痛苦。

小男孩有点着急了，他不忍心蝴蝶被卡在里面。于是，他拿来一把剪刀，轻轻地把蛹壳剪开，蝴蝶脱蛹而出了。看着躯体臃肿的蝴蝶，小男孩轻轻地松了口气。

但是，蝴蝶却躺在地上无法动弹。原来，它的翅膀需要经过不断挣扎才会强健。小男孩的帮助尽管让蝴蝶提前从蛹中出来了，但是，由于蝴蝶的翅膀还没有成熟，不久蝴蝶就死了。生物学家说，飞蛾在由蛹变茧时，翅膀萎缩，十分柔软；在破茧而出时，必须要经过一番痛苦的挣扎，身体中的体液才能流到翅膀上去，翅膀才能充实、有力，才能支撑它在空中飞翔。同样道理，一个人的成长必须经历各种磨难和挫折，直到他的翅膀足够强壮。如果缺少必要的磨难和挫折，他就无法坚强地面对生活，势必会走向毁灭。

19 世纪俄国作家屠格涅夫说："你想成为幸福的人吗？那么首先要学会吃苦。能吃苦的人，一切的不幸都可以忍受，天下没有跳不出的困境。"可见，想让孩子以后能够在平凡的生活当中获取幸福感，我们必须学会让孩子吃点苦。

让孩子吃苦，似乎是我们家长有意识地设置一些障碍让孩子去经历，事实上，真正的挫折在生活当中。孩子在生活当中遇到挫折了，内心有受苦的感觉。这时，我们能否眼睁睁地看着孩子在受苦，让孩子经受心理蜕变而不是跨越界限，"帮助"孩子逃离这些受苦的场景呢？

当我们把足够的爱给予孩子的时候，我们才有足够的能量去舍得孩子受苦。只有那些不会真正爱孩子的家长，在面对孩子受苦的时候，才会在"舍得"与"舍不得"之间摇摆，因为他根本不知道自己怎么做才是正确的，因为他害怕眼睁睁看孩子受苦时会受到内心的谴责。所以，要"舍得"让孩子受苦，真正要修炼的其实是我们自己。当我们先学会了爱自己，爱孩子，才能够在受苦当中获得滋养和能量，把每一次的受苦当成我们人生成长的能量棒。

36. 孩子“太懂事”了怎么办?

每个家长都希望自己的孩子是懂事的，但现在有一个新的提法，就是有的孩子“太懂事”了。“懂事”和“过分懂事”是两个截然不同的概念。前者是由于正常需求得到满足而不无理取闹；后者则是由于正常需求被压抑而去被迫“讨好”大人。这两者如何区分？最简单的方法就是看孩子是不是“快乐”。要“看”，而不是“问”，因为孩子很聪明，会揣摩大人的意愿来“回答”。只有出自真心的观察，才能在日常生活中看出孩子是否“快乐”。

有一个家长跟大家分享他家孩子的事情：

> 我有一个问题，心里很困惑，我儿子今年12岁了，特别懂事，因为我是出租司机，每天下午他都会给我打电话，问我回家吃不吃饭，然后想吃什么，他就会自己去菜市场买菜，然后做饭。我还有个女儿，今天都16岁了，都不如儿子懂事。儿子从来不和我们要钱，自己想买什么就自己攒钱，把我们给的零花钱攒起来买东西。今年我住了一次院，就是一个外科手术，不是很危险的，我儿子每天放学都去医院照顾我，不是给我喂水就是给我削苹果，总在为我做些什么，还安慰我不要着急没有什么危险的……我当时是真的受不了了，我都被儿

子感动哭了，和他说爸爸没事，你别这样！但是他依然这么照顾我，让我心里难受！我们邻居都夸我们儿子懂事，但是一个12岁的孩子也太懂事了，这让我心里有点别扭，但是也说不出来！越夸我儿子，我心里就越有一丝的担心，我也不知道为什么？老师您说我儿子是不是有点太懂事了？

这位家长不是个例，有些孩子的确是为了在老师和家长面前扮演乖宝显得太“懂事”了。如果一个孩子通过压抑自己的天性来讨好大人，这种“懂事”显然是不正确的。

美国的一些儿童心理教育专家提醒说，太“懂事”的孩子，容易在成长过程中出现心理失衡，更容易患上各种没明显病因的疾病，早熟少女甚至更易遭受性引诱而致“早孕”。因为大人嘴里总是给孩子灌输一种“懂事的孩子才是好孩子”的理念。而大人嘴里“懂事的孩子”，通常是那种对大人言听计从的孩子，他们严格遵守家长和教师订立的所有规章制度并身体力行。他们就算成绩不是最优秀，学习态度也非常端正，会成为老师为其他小伙伴们树立的榜样。

因为“懂事”，常常会让孩子陷入过分追求完美的心理泥潭难以自拔。为了得到家长或者老师的赞美，他们就算处于众所周知的“青春反叛期”，也会表现得过分顺从。他们会把对家长的不满压在心里，甚至拒绝承认自己的不满情绪。

太“懂事”的孩子由于整个童年期乃至少年期，都处于成人信条的“阴影”中，渐渐只能定格在墨守成规的人生道路上难以突破。他们长大后仍会显得有几分天真幼稚。他们甚至还可能缺乏健康人格，也缺乏创新能力，最大特点就是“人云亦云”。

那些刻意追求成功的“懂事”孩子，心理压力常常很大，长此下去容易缺乏自信、意志消沉、脾气暴躁，各个方面的进取心可能都遭到干扰乃至扼杀。

为求成功，他们往往在学习时过度透支体力和脑力，再加上沉重的心理压力，极可能引发各种没有明显病因的症状，其中包括头痛、肚痛、疲乏、消化不良、血压升高、食欲缺乏、睡眠不佳等，严重的还可能出现神经官能症和心理疾患。

孩子的青春期、叛逆期，本来是他们在成长过程中发展自己独立个性的必经之路。但太“懂事”的孩子，刻意压抑自己的观点与态度，也压抑了正常的心理发育，他们的“叛逆期”可能会姗姗来迟甚至从不出现。

这些孩子在性格脾气、行为准则上，有时可能显得跟大多数小伙伴“格格不入”。比如，有的喜欢以“小老师”自居，老师不在场时爱对同学们发号施令；有的喜欢打“小报告”；有的自以为是，看不起小伙伴的“傻帽”表现……长此下去，他们可能明显不合群，朋友也很少，或早早出现成年人才有的世故或孤傲。在所有这些现象背后，极可能隐藏着“自己不被理解”的“苦衷”，时间久了，就可能出现性格怪诞或扭曲。

要避免孩子太“懂事”，最重要的一点是：家长须改变理念，切莫将太“懂事”视为绝对优点，也不要在孩子面前常常将“懂事”一词挂在口上并加以推崇。

不妨让已表现出太“懂事”的孩子多交朋友，跟大多数同龄孩子实现和谐相处，千万不要让孩子在童年时代就成了“孤家寡人”；不妨让太“懂事”的孩子多参加集体活动，避免整日看书、学习、做习题；家长还要允许孩子犯错误，因为孩子能从犯错误中获得一种自我教育。如果一犯错误就遭到惩罚，孩子容易形成谨小慎微的性格，不利于创造性的培养。

37. 同一件事情，中国家长和外国家长有什么不同反应？

随着教育的全球化趋势，我们中国的父母也在积极借鉴国外一些优秀家长的教育方法。我在很多介绍外国教育方法的书籍中获悉，中国家长和外国家长对于同一件事情，跟孩子的沟通方式是不一样的。我们来比较一下不同国家的父母是如何教育孩子的。

在孩子放学回家后，中国家长会问："今天学习怎样？考试得了多少分？"外国家长则会问："今天在学校过得愉快吗，和同学相处得好吗？"

当孩子在家里谈论某个同学时，中国家长首先会问："这个同学学习成绩好吗？"而外国家长则会问："这个同学的为人如何？"

当孩子在家里无所事事的时候，中国家长会对孩子说："乖，在家好好的，别到外面去，现在的社会乱得很。"外国家长会说："噢，孩子，你为什么不到外面去走走呢？你在外面可以和小伙伴一起玩，外面的世界很精彩。"

当两个孩子打架，如果其中一个孩子的家长看到时，中国的家长会一把拉开自己的孩子，并指着另一个孩子说："你没家教吗，为什么要打我的孩子？"外国家长则会把他们都拉开："孩子们，有什么问题解决不了，为何会闹矛盾？"

孩子让家长为他买东西的时候，中国家长首先问：“那东西贵吗?”外国家长则首先问：“那东西对你有用吗?”

当孩子为做某件事而与家长商量时，中国家长会说：“别去干，搞好你的学习，考第一才是你要做的。”外国的家长则会说：“好啊，你可以去试试，祝你成功。”

当孩子做某件事失败后，中国家长会说：“早叫你不要分心，好好学习，现在后悔了吧。”外国的家长则会说：“孩子，我也很难过，下次你会做得更好的。你要知道，并不是每次尝试都会成功。”

当孩子做某件事成功后，中国家长会说：“别高兴，这些东西没用，你还是好好学习，将来考上名牌大学。”外国家长则会说：“孩子，祝贺你。看，你多棒，我为你自豪。”

父母对孩子的影响往往是潜移默化的，对于日常每一件小事的处理和态度将来就会积累成孩子与孩子的不同。我们可能不能完全做到像外国家长那样，但我们可以试着从以上的问话对比中，观照自己的不足，从而不断改进自己与孩子间的沟通模式和说话态度。

38. 你是否用你的“焦虑”绑架孩子?

不可否认，我们的孩子以及做父母的，都处在一个生活节奏很快的时代，人人都在抢跑。很多人都在高喊着“不让孩子输在起跑线上”，这似乎成了所有家长的共识。甚至网上还有段子，有家长在孩子刚刚出生的时候就计算出孩子距离高考还有6414天！

但是，我想说，这种“抢跑”的心理焦虑多来自大人，其实过早套上补习班的枷锁未必有助于孩子“起跑”，因为父母才是孩子的“起跑线”。

有位妈妈在课上分享，她说，女儿在下半年开始读小学三年级，她感觉到自己陷入了一个困境，不知道到底该如何教育孩子。

这个妈妈觉得孩子在小学三年级应该还是以玩为主，或者说以学科以外的发展为主。但她发现孩子班里的大多数同学都报了各种补习班、辅导班。如果女儿不报，会不会落后于其他同学呢？妈妈的内心实在不安。她也加入了很多家庭教育的群，群里家长都在交流自己的教育思想，展示孩子成长的点滴。很多孩子都各有所长，有的小小年纪就获了各种奖项和荣誉称号，有的甚至出书了。这个妈妈开始感觉到了压力：现在女儿还没有看出有什么特别的才能，以后会不会变得优秀呢？如果女儿成了众多大树中间的一棵小草，如何才能沐浴阳光雨露呢？有时候她也想退出这种群，但又觉得不能退出，于是在这样的进退两难之中，不知该如何取舍。

我相信，有这种焦虑和不安的妈妈大有人在。我们不是活在自己的世界里，而是活在与别人对比的世界里。别人家的孩子学习，自己家孩子如果不学习，就会产生不安全感，近而产生一种自卑感。担心这样下去，孩子会变差、退步，甚至不如别人。其实细想想，我们的父母养育我们的时候，有没有这种焦虑？我想是没有，或者即使有也不会表现得像现在的父母那么明显。恰恰是这种“听天由命”式的自由发展，让每个孩子心态放松，反而学得好，没有顾虑，不会在意父母的焦虑，不会因为自己没有考好还是学习不好，背负太多不属于孩子们年龄的东西。

所以，父母先要把心态放平和。要意识到，孩子不是我们的“成绩单”，他们是独立的个体，有着自由的身心和个性发展。我们养育孩子如同培育一株植物，你不能天天眼巴巴想着，他如何长得繁茂，如何开花结果。父母能做的，就是轻轻松松照料植物，让他安心成长。对于孩子亦然，父母的好心态，不去急功近利，反而孩子才能平和平静，这样的孩子，无论在学习上还是生活中，都不会因为心存焦虑而让自己疲于应对。

39. 穷养儿富养女，你会养吗？

“穷养儿子富养女”已经成了很多家长的口头禅，但很多时候家长也会陷入穷养和富养的误区。以为，生了儿子就一定要让其感受贫穷，生了女儿一定要像公主一样对待，不管家庭是否富足都拼尽全力，如果是这样的，我觉得，家长还是没有做到真正的穷养和富养。作为家长，我们首先要理解，什么是真正意义上的“穷”和“富”。

“穷养”男孩不是要把孩子养得邋里邋遢，没了自信和智慧，而是让他养成坚强、独立自主、克制物欲、勤俭持家、奋发图强的优良品质。穷养男，更是一种挫折教育，男儿当自强，而没有经历过失败挫折的男孩是长不大的。男生将来是要奋斗的，必须让他知道钱来之不易；做个真正的男人，这一生要蒙受的磨难、冷眼、屈辱、挫折不知道有多少。古人说，“天将降大任于斯人也，必先苦其心志，劳其筋骨，饿其体肤”，如此才能“修身齐家治国平天下”。男孩从小就应培养艰苦朴素、吃苦耐劳的作风、仁义孝道的思想，尤其在物质上不能无节制、无原则地给予，否则容易成为一个纨绔子弟。

但穷养对于男孩子来说，一定要有智慧地“穷”养，而不是穷尽一切。要在经济基础允许的范围内，给男孩同样的“富养”。有一个被穷养男孩是这样描述自己的：

> 我从小就被灌输，钱来之不易，要艰苦朴素。我只能穿亲戚孩子穿剩的旧衣服，包括内裤。我只能玩别人玩烂了、玩腻了的玩具。最多的是穿堂哥的。有一次堂哥分给我一元钱，我如获至宝地存起来，被我妈发现，揍了我一顿。大学的时候，所有同学都有手机，我也想买一个，被我妈否决了。那时候我一个月只有500元生活费。
>
> 我去献血，因为我们学校献血有400元补贴，还会发两箱饼干。我用那两箱饼干当饭吃，每天吃20片，吃了一个月。正因为从小到大经济上被严格管制，我由衷地觉得钱是个好东西，我特别渴望赚钱，又特别不舍得花钱。现在，我30多岁了，月入4万元，比我堂哥收入高。但是生活品质差太多了。我堂哥因为从小就没缺过钱，反而觉得钱不是最重要的东西。享受、体验、快乐，这些都比钱重要，钱嘛，旧的不去，新的不来。所以他想买啥买啥，每年一两次出国旅游，过得挺滋润。而我花一元钱都心如刀铰。买什么我都嫌贵。再渴都舍不得买瓶矿泉水，要回家喝凉白开。公司聚餐，吃自助餐，我能把自己撑到想吐，因为觉得吃少了就是巨大的浪费。
>
> 小时候长期处于贫穷和窘迫，长大了也很难有安全感。唯一能让我有安全感的，就是存折上的数字不断往上涨。我害怕，怕重新回到为一元钱担惊受怕的日子。

穷养的结果，往往是让孩子特别在乎钱。以后哪怕他有钱，也会抠门。

所以，面对我们的男孩子，不要以为什么都是“穷”才是好的，这样“穷养”大的孩子，格局又能大到哪里去呢？而女生的富养，我就不再展开。在我的第一本书里，有详细论述。这里只讲大概富养的意义。

“富养”不仅仅指生活的富足，更是教育的富足。富养女孩不是娇生惯养，而是给她精致的生活，让她自信自立、眼界开阔、尊重他人、做一个有品位、有气质的女孩。富养的女孩，从小会被带着出入各种场合，增加阅世能力，等到花般年纪，再到尘世里艰难成长，便不易被各种浮华和虚荣所迷惑，一个没见过大世面的女孩，在纨绔子弟的糖衣炮弹下，很可能被花言巧语所击败。富养的女孩，因为见识多、独立、有主见、明智，很清楚自己真正追求的东西。女孩称为“千金”，估计也有这方面的渊源。从另一个角度来说，除了给予较好的物质条件外，更需要开阔女孩的视野与见识。富也是“丰富”的意思。懂得美，懂得欣赏，懂得辨别，也就懂得了自我保护，而不会被外界的种种所诱惑。

“富养”女儿的最高境界是让孩子精神富、学识富、修养富。最后，不论是穷养还是富养，不管是男孩还是女孩，父母都要谨记：穷养富养都不如爱养。

40. 你会看不起自己的孩子吗？

我给一个孩子做过心理辅导，那个处于青春期的孩子，总认为父母看不起他。他说："不知道为什么我的父母总是歧视我，说我没别人聪明，说我不如别人勤奋，还说我天生就是笨脑子，或者拿我跟那些有钱人的孩子比。我真的受够了，他们既然这么不喜欢我，那为什么还生我？最好就去认有钱人的孩子做自己的孩子吧。我现在考完高中，但是头疼得很。我爸竟然说我是垃圾或者没用的东西。我真的很不喜欢我的父母。"

听完孩子这样的言论，我的心疼了一下。父母如此"狠毒"的言论无疑是匕首，每一句都会扎得孩子心流血。我给孩子做了辅导后，孩子意识到，父母有着自身的局限和错误，他不能因为父母的言论就消沉或悲观，而是要用正确的语言跟父母沟通。

在我看来，做父母最失败的就是看不起孩子，这等于否定了自己，因为孩子是自己生出来的，所以这样的父母不是失败，是失职，希望孩子成龙成凤，一旦孩子没有按照自己期盼的那样发展或成功，父母就会打击孩子。那请问这样的父母您给了孩子什么样的教育，凭什么让他在父母空想的环境里成龙成凤。

孩子从出生开始，我们作为家长，首先要明白一个道理，那就是，孩子虽然是我们生的，但他不属于我们，我们一定要平等地对待这个单独的个体，尊重是必需的，所以我们没有权利要求孩子怎么样，或是干什么，不可以把我们的意愿强加给孩子。每个孩子出生以来就是一块璞玉，我们作为家长的必须要明白，我们是要用我们的雕刻刀帮他成为玉中之王，还是用锄头把他刨成一块没有用的玉，这个决定权就在我们手中，所以要怎么做，这都取决于我们自己的智慧和学识。

所以，呼吁所有父母，哪怕天下所有的人都看不起你的孩子，做父母的也要眼含热泪地欣赏他、拥抱他、赞美他，为自己创造的生命而自豪。

41. “隔代抚养”隔开了什么？

中国传统文化中四世同堂、儿孙绕膝是件很美好的事情，是家庭生活中彼此温暖、合理互助的一种形式。现在，绝大多数老人都会帮子女照看孩子，这既是传统文化的延续，也是家庭成员间很现实的关怀。但这件事应该做得有度，如果“隔代帮忙”变成“隔代抚养”，就会过犹不及，变成帮倒忙。

很多家长在孩子刚过了哺乳期，一岁左右，甚至更早，就把带孩子的任务“承包”给家里的老人，即使生活在一个家里，孩子的吃喝拉撒睡一切事务，全部由老人包办，父母在孩子的生活中只是业余角色。更有一些没条件和老人生活在一起的家长，干脆把孩子全托给老人，一周见孩子一次，或一月甚至一年见一次。问及年轻的父母，他们还会面带笑容说，这样乐得清闲，也不耽误挣钱。诚然，现实的状况让很多年轻的父母都背负着经济压力，每个人都必须想着如何赚钱、如何养家，也有很多父母说，把孩子交给老人抚养就是想在以后给孩子更好的生活。而我想说，父母只想着以后给孩子好的生活，眼下孩子的生活如何？父母有没有关注呢？当一个个幼小的生命急需父母在身边陪伴他们、给他们安全感的时候，父母却把他们交给了爷爷奶奶、外公外婆或保姆，孩子的内心会怎么想？

比如有位妈妈说，她的孩子就是隔代抚养，2 岁的时候经常哭，经常闹情绪，也不知道为什么会这样。还有一位妈妈，她说自己 4 岁的孩子在外面特别胆小，但回家却经常发脾气，不知这是怎么回事。这两位妈妈都是平日里做“甩手掌柜”，只管生不管养的清闲妈妈，当然面对孩子的问题就会显得束手无策而无法应对了。

小强是一个留守儿童，父母都在外地打工。他跟着爷爷奶奶在农村上小学，因为常年见不到爸妈，小强在学校里变得很内向，慢慢越来越胆小。遇到高年级的男生跟他要钱，他起初是反抗的，结果被打过一回，而且这些大孩子发现小强身后没有父母保护，竟然隔三差五堵住小强要钱。孩子回家不敢跟爷爷奶奶说，只是一个人偷偷掉眼泪。直到有一天，班主任老师发现小强脸上有伤，追问下，才知道孩子一直挨别人的打。班主任连线小强父母，他的爸爸竟然说，男孩子被打被骂很正常，英雄都是被打出来的。结果，小强因为没有得到爸妈的支持，愈加孤僻胆小，最后身体都开始变得不好，总是生病。

所以，隔代抚养隔开的绝不仅仅是父母与孩子见面的机会和次数，也不是父母对于孩子关怀的多寡，而是“生命的联结”。没错，不是危言耸听，隔代隔开的是生命的联结。

试想想，孩子从母体脱离断开脐带的联结以后，最需要的是与母亲建立新的联结，这种联结来自母亲一朝一夕的陪伴和一言一词的对话，这样孩子在牙牙学语时才能意识有母亲。在每一天不断长大的生活中，才有母亲留在身上的印记，否则，孩子去哪里找那种与母亲的本真联结呢？

有很多报道和新闻说孩子长大了恨父母，不理解父母。这难道不是小时候父母没有好好跟其建立情感联结惹下的祸吗？

心理学家阿德勒说过：“所谓母亲的技巧，我们指的是她和孩子合作的能力，以及她使孩子和她合作的能力。这种能力是无法用教条来传授的。每天都会产生新的情境，其中有很多地方都需要应用她对孩子的领悟和了解。她只有真正对孩子有兴趣，而且一心一意要赢取他的情感，并保护他的利益时，才会有这种技巧。”

血缘固然是一条纽带，但仅靠血缘沟通亲情，恐怕还不够。如果和孩子早期相处不够多，彼此间的情感联结就会比较稀疏，而这种联结是有时间段的，错过了就很难再建立新的联结。这一点也已被现代心理学研究所发现和证实。

爱，就是为了在一起。苏联教育家苏霍姆林斯基说过一句话：“母爱不应建立在抽象的理性认识上，应建立在情感基础之上。”对父母来说，在一切养儿育女的目的中，没有比和孩子在一起本身更重要的目的！一切因出于功利的或“教育”的目标牺牲和孩子相处的行为都是得不偿失的。

42. 不陪孩子，你赚那么多钱有什么用？

在我的课上，也有很多事业有成的父母，但他们之所以来上课，是发现最初认为给孩子最好的就是富裕的生活、衣食无忧。事实证明，孩子拿着父母赚来的钱，并没有多大的成就感，或者说没有多么感恩父母为其付出的这些经济支持。尤其在问及孩子如何看待父母挣钱给他的这个事实，竟然有孩子说，一天到晚看不到父母的身影，你们挣那么多钱我也不稀罕。可见，孩子的内心是多么需要父母的陪伴，而这种陪伴不是钱能取代的。所以，我常跟这些学员说，不陪孩子，你赚那么多钱有什么用？

一个事业有成的人如果没能教育好孩子，也是一种缺陷和不完美。如果在教育孩子的时候选择了事业，选择了赚钱却卸掉了自己教育孩子的责任，那么，等到某一天你赚的钱买不回你对孩子缺失过的时间和陪伴。因为，钱什么时候都可以赚，而孩子的成长不可逆，不给父母重来补过的机会。

我在课上经常问我的学员，你们爱你们的家还是更爱你们的事业？如果回答更爱事业的人，我就会说，他们不会爱他们的事业。因为，一个人连小家都没有经营和管理好，如何管理一个大企业？一个人连父母都当得不合格，怎么能是一个合格的企业管理者？

现在很多人说，夫妻假如不一起赚钱，经济支撑不了。诸位朋友，你觉得这句话有没有道理？现在这个时代很多话听起来好像都很有道理，事实上你细细去想，不见得有道理。

你赚再多的钱带不走，而孩子的教育却影响他一生。我们回想一下，我们父母那一代有没有很多钱？没有，可是却教出很多的孝子，教出很多刻苦耐劳的孩子。而现在这么多有钱的父母教出了什么？教出了一大堆好吃懒做的孩子，甚至都不会感恩。所以到底是有钱好，还是没钱好？

家里的生活拮据一点，反而让孩子觉得父母非常辛苦地赚钱养育他们，所以念念不忘对父母的感恩。所以我们的上一代为什么读书这么认真？为什么工作那么勤奋？

我们看两个案例。

高先生是一家公司高管，儿子今年8岁，读小学二年级。儿子3岁前，多半时间是在老家和爷爷奶奶一起度过。用高先生的话说，感觉孩子回来后一口老家话，跟爷爷奶奶特别亲。

儿子回到市里上了幼儿园，夫妻俩除了忙工作，还要还房贷，只有在幼儿园安排亲子活动时，才能陪一会儿孩子，享受一下亲子交流的乐趣。儿子上小学后，对父爱的要求更强烈了。儿子喜欢踢足球，可自己没时间陪他。后来高先生发现，邻居李先生成了孩子心目中的“好叔叔”，因为喜欢踢球的李先生可以按时上下班，经常和高先生的儿子约在公园里一起踢球。偶尔高先生问起孩子最崇拜的人是谁，孩子会不假思索脱口而出“李叔叔”。高先生不服气，还跟儿子说李叔叔就是一个普通职员，每天不用加班，挣得也不多。但儿子却说，在他眼里李叔叔是最帅的男人，球踢得超棒，对人亲切友好，即使他踢不好，李叔叔总是鼓励，他长大以后也要成为像李叔叔一样的人。后来发展到孩子变得基本把自己的亲爹当空气，他的说教孩子基本听不进去，还经常顶嘴。有时表面不说，心里却很不服气。高先生举了一个很深刻的例子，有一次孩子在班里跟一个同学打架被老师罚了，竟然回家没说。倒是邻居李先生听到孩子跟自己倾诉后，觉得孩子这件事不是小事，告诉了高先生。

后来，高先生想要努力改进，让儿子认可自己，却明显觉得力不从心。感觉孩子大了，已经不太容易管了。

陈先生有两个孩子，4 岁的儿子和 6 岁的女儿，陈先生因工作原因长期出差，不出差的时候也是应酬频繁，和孩子相处的时间不多。平时，儿子一看见陌生人就躲到妈妈背后，怎么逗他、跟他打招呼，他就是不说话，也不露脸。受小朋友欺负了，他只会哭，一点儿不敢反抗；在幼儿园玩游戏、表演节目时，他总是躲在最后，不仅不敢表现，一遇到稍有“挑战”的事就会退缩。面对爸爸出差离开或者回来，儿子已经感觉无所谓了。女儿也是，在很多次需要爸爸在场的时候，爸爸都缺席，渐渐地女儿表现出对爸爸很排斥，甚至拒绝让他抱。陈先生的爱人也说，女儿非常害怕受挫折，遇到一点小困难都受不了，假如哪一件事没有把握，她就干脆不做。比如刚上小学，老师让小朋友们写汉字，然后看谁写得好，孩子说什么也不写，老师觉得她可能是怕字写得不好，得不到老师的表扬，或者被其他小朋友笑话。实际是孩子内心缺乏安全感，经常没有爸爸的陪伴让孩子不自信，从来不敢轻易去尝试什么。

所以，如果不能陪孩子，赚再多钱也是一种缺憾，当然我没有主张父母不去赚钱，只是在赚钱的同时能兼顾孩子，适当平衡家庭和事业，找出适当的时间去和孩子进行互动，陪伴是最长情的告白，金钱在这方面有时候办不到。

43. 天才教育与愚昧教育的区别是什么？

每个父母都盼子成龙、盼女成凤，都希望自己的孩子将来能做一个出人头地、对社会有用的人。孩子是每个家庭的希望和未来。有人形容，孩子就像陶土，而父母则是做陶器的，孩子的性格和命运会被父母掌控，父母是陶工还是匠人，这将决定你手里的陶土是废品还是精品。

犹太人在地球上人口比例很小，但却是世界上天才产生最多的民族。

据《福布斯》杂志报道，世界上前四百万名的亿万富翁当中，犹太人占60%，但他们今天全部人口还不到全世界人口的9.3%。为什么？是巧合吗？爱因斯坦、马克思……他们都是智慧的代表。这么多名人都是犹太人，真的不是巧合。

很多人说为什么它会出现这么多成功的人？其实是得益于教育。

天才究竟是什么？有人说，是有些特殊的天分，有人说是有天生的才能，说得都对，但是在犹太人的心目当中，什么是天才？他们跟我们有不同的看法。他们说，天才分为两类，第一类是精神和品德上的天才。这一点，我第一次看到的时候，真的非常感动。在一个犹太人的心目当中，如果一个孩子天生具备了非常好的精神和品格，他就是天才。这一点是非常值得我们中国的爸爸妈妈去思考的。我们会这样看待我们的孩子吗？又或者说，当所有的老师都说你的孩子没有什么优点，就是善良，你会不会愿意接受？我们更愿意听到的是他学习好，他的分数高。

精神和品德才是犹太人心目中认可天才的第一因素。他们最注重的是一个孩子要具备善良的天性。所以他们的教育没有那么功利性。所以很多孩子，只要他天生善良，就会被珍惜。

第二类才是我们所说的在各种领域上的特殊天分。从多元智能的角度看，每个人都有八项智能。所以人是有长有短的，每个孩子也是这样。他会在某个领域比较有优势，但在其他领域相对有劣势。这还是取决于我们做爸妈的，心目中如何看待他们。如果在你的眼中，他是个天才，那他就是个天才——犹太人就是这样的。

在当代中国，儿童教育行业的市场巨大。为争夺这个市场，我们听到了无数个高尚的概念：幼儿智力开发，让你的孩子成为天才，学英语从娃娃抓起，决不能输在起跑线上等。这些概念已经固化中国家长们的思维，让我们在无奈中不断地迷失教育的本质。而这种迷失，有可能变天才教育为愚昧教育。把孩子本该无忧无虑地释放天性和自然的时光，用到了不恰当的事情上。这样下去，即使孩子原本智慧具足，也会因为外界的过早施压，把智慧消失殆尽，变得厌学。这样怎么可能成为天才，反而是另一种愚昧。

所以，做教育的人，为父母的人，要注意以下几点：

（1）天才儿童不是天生的，是天才教育和生长环境影响的结果。天才儿童的成长经历一再证明，家长只要注重天才教育，就有希望将自己的孩子培养成音乐家、画家、科学家、诗人等。即使孩子没有我们所希望的聪明头脑，为人父母者也要树立坚定的信念，因为遗传不能决定一切，一定要坚信“所有的孩子都有可能成为天才”。

（2）学校教育不是万能的，孩子进入学校前所接受的家庭教育才是孩子一生中最重要的。因为学校教育的目的大多是偏重于考进重点中学、重点大学，而不是培养一个全面发展型的天才。其实人的性格在上学前就差不多已经定型了，因为人们在上学前所接受的教育已经对他一生的性格产生了决定性影响。

（3）天才教育没有固定的模式。在那些大量令人信服、心动的早教案例中，我们至少将看到以下两点教育方法：一是遵循儿童的天性，采取启发、诱导的方式去开启儿童的智慧是最有效的。二是天才教育真能造就天才，但是徒有形式的天才教育是毫无用处的。

（4）父母要帮助孩子尽早自主、自立，其中最重要的一点是要帮助孩子树立远大的理想，但不是说要为孩子指定将来发展的道路。

（5）孩子不是玩具，他们有自己的思维方式和处事能力。教育孩子要注意方法，因为他们无法接受他们不感兴趣的东西。我们一定要选择孩子们最喜欢的方式来进行教育，否则就无法收到良好的效果。

(6) 天才教育不完全是一个向孩子灌输知识的过程，而是应该在向孩子传输知识的同时，让孩子逐步掌握获取、发现知识的方法。获取知识的方法和善于思考的能力才是孩子一生中最大的财富。

44. 读书的真正意义是什么?

关于读书的意义，毛姆有一个很有趣的说法："阅读已成为一件方便又简单的事。养成读书的习惯便是为自己建了一个避难所。"是啊，不是也有人说"读书是门槛最低的高贵之举"吗？读书，本不是一件特别值得"标榜"的事，其"高贵"之处全在于阅读者有追求更高尚、更丰富的精神生活的志趣。阅读之"方便又简单"则是显而易见的，基本不依赖于特殊的设施和设备，不需要昂贵的投资。只要我们愿意，就可以阅读自己喜欢的书。很多人抱怨没有时间阅读，这只是一个人为自己阅读上的松懈而找的借口。读书是"避难所"的比喻是说，我们可以借由读书建立自己的精神家园，在书香中安顿心灵，从而拥有宽阔的眼界、辩证的思维，拥有一种开放、包容、通达的心态，保持自己独立而安宁的精神空间，不受日常人事的纷扰。傅天琳说过一句很好的话："快去读书，读好书，虽然有一天人会变老，但你们仍有可能从这座生命之塔中获取能量。这是门槛最低的高贵之举，是你穷其一生的必修功课。"

读书，原本从识字起。随着认识的字数的增加，随着对文字内涵了解加深，对于文章也可以粗略明白一二了。原来，文章不单单是堆砌文字，更是表述人的思想。很多时候，读书只是一种个人兴趣。人在这种内在的兴趣推动下，便会去找来各式各样的书籍，感兴趣的，便读得认真；不太感兴趣的，便粗粗翻看一番。对于一个孩子而言，最好的阅读方式就是给予一定的引导，培养其阅读兴趣，然后可以有选择性地令其选择阅读书目。一般而言，人在青年时代，适宜阅读一些励志与逻辑方面的书。一旦养成习惯，他便会形成一种自己的选择标准，或称之为阅读品位。通过观察其阅读的书目，便可以大致了解其现实的想法，以及从其言谈中概括出其性格和为人。这便是读书的第一层意义，读书可以成为生活中的一种兴趣，或者乐趣，并且也有一定的引导作用。

全世界每年阅读书籍数量排名第一的是犹太人，平均每人一年读书 64 本。而中国近 14 亿人口，除去教科书，平均每人一年读不完 1 本书。一个爱读书的民族，自然是优秀的。自诺贝尔奖设立以来，犹太人共拿走了 20% 的化学奖、25% 的物理奖、27% 的生理学或医学奖、41% 的经济学奖、12% 的诺贝尔文学奖，同时还拿到了 1/3 以上的普利策奖、1/3 以上的奥斯卡奖。而犹太人在世界上的人口只占 0.3%。

我们上一代，能够接受高等教育的人很少，使得我们这一代，在受家庭教育的时候，存在某些缺憾，很多时候，要靠我们自己在找寻方向中不断探索与总结。但无论如何，我们总是比上代人幸运与幸福得多。相信，我们的下一代，一定会更好。总体来说，读书的意义，就是在不断积累中吸收知识，而后，才可能于某个领域内有所创造，这样主动的创造又显现出极其有益的一面。

45. 孩子不愿意看书，怎么办?

每一个孩子都是天生的读者，他们生来就有阅读的潜能和欲望。同时，孩子也是一个不设防的读者，他们涉世未深，阅历有限，他们的精神和心灵都是开放的，不具有成人的分析能力和判断力。

孩子的阅读潜能无限，所以需要我们这些大人尽早开发孩子天真的阅读潜能，精心帮助孩子培养良好的阅读习惯和兴趣。

让我们的孩子爱上阅读，不是让孩子不要调皮捣蛋给家长找麻烦，也不是将来作文写得好、考试分数高，是让孩子变成一个有修养的人。

很多家长抱怨孩子不爱读书，其实不是孩子不爱读，是父母没有找到方法去启发和引导并让孩子爱上阅读。让孩子爱上阅读，可以从下面几点着手。

（1）常带孩子逛书店。

带孩子进书店，让孩子徜徉在书的海洋中，通过书店的环境感受读书的气氛。书店里有各种各样的图书，有些书一定是孩子们喜欢读的。在这里，不用催他们，他们自己就会翻开来读，这对孩子对书产生兴趣非常有帮助。孩子在书店发现的自己喜欢的书，可能不在父母的选择之列。孩子们可以通过购买喜欢的书，体验到购书带来的乐趣，从而对书产生兴趣。

（2）给孩子当榜样。

父母想要孩子读书，自己一定也要喜欢阅读才行。不然，你坐在电视前面让孩子去读书，孩子爱读才怪。父母和孩子一起读书的时刻也是家庭生活中很幸福的时刻，父母和孩子一起读各种各样的书，既加深了彼此的感情，又给家庭带来快乐。书滋润着两代人的心田，也必然能提升两代人的素质。

另外，每天需有固定的读书时间。在这一段时间内，大家都在读书，雷打不动，如果有事情错过了，也一定要补上。在固定时间内读书，经过一段时间的强化和训练，就成了一种习惯。读书和洗脸、刷牙、吃饭、睡觉一样，成为一种需要后，想不让孩子读书都难了。

（3）让孩子听书。

阅读从倾听开始，孩子最初的阅读兴趣和良好的阅读习惯源于倾听。经常给孩子读一本经典童话或寓言，让孩子从小就感受到书中的快乐和情趣。“读出声音来”让孩子能够听清楚。每当我们给孩子朗读时，就会发送一个“愉悦”的信息到孩子的大脑中，甚至将之称为“广告”亦不为过。我们推销的东西叫“阅读”，而朗读故事是一种令人愉悦的推销方式。

（4）与孩子聊书。

与孩子一起读完书后，许多大人喜欢向孩子提问，或要求孩子复述故事。这样做主要是想考查孩子是否理解、记住了故事。这的确是一种方法，但未必是最好的方法。不少孩子对这样的考查感到不耐烦，而他们的反应又令大人不满意。有的孩子甚至因此渐渐对共读活动感到厌烦。我们都曾有过这样的经历：人们共同经历过一件事情后，这件事情就有许多可以交流的话题，也更加容易在交流中相互认同。亲子共读中大人与孩子的关系就类似这种关系。我们的真正目的是帮助孩子理解，并从中获得快乐。所以重要的不是让孩子“答对”，而是通过交流使双方获得认同，大人对虚构故事与现实生活的理解也由此自然而然地传导给孩子。

46. 犹太人的教育给了我们什么启示?

犹太人作为全球人口不多却精英和天才辈出的民族，是什么让他们如此卓越呢？很多报道说，犹太人在孩子刚会说话时就开始教他们读《旧约》。在犹太人看来，由于担心孩子不明白而错过教育机会，只是父母的一种过分保护而已。为了在孩子身上种下好种子，犹太人让小孩子学习记忆。因此可以说，犹太儿童从一岁半就开始有意识地接受记忆训练了。到了三四岁时，他们开始在学堂里学习。每个孩子刚走进教室时都会受到大家热烈欢迎，让他觉得学习是快乐的；也许他会在打开的书本中发现葡萄，这是为了让他觉得学问是甜美的。犹太人认为教育开始得越早越好，所以孩子4岁时就要开始完全的思考行为。那时候，大人会告诉孩子们，世上没有所谓的正确答案，不要拘泥于一个想法。因为还有很多其他的思考方式。与此同时，记忆训练也在继续。孩子到了5岁时就要记住全部《旧约》。《旧约》是一本大部头经典，能全部记住，水平非常高了。

犹太人的孩子，几乎都要回答这样一个问题：“假如有一天你的房子被烧毁，你的财产被抢光，你将带着什么东西逃跑呢?”如果孩子回答的是钱或财物，母亲将进一步问：“有一种没有形状、没有颜色、没有气味的更重要的东西，宝贝，你知道是什么吗?”要是孩子回答不出来，母亲就会说：“孩子，你要带走的不是钱，也不是财物，而是智慧，因为智慧是任何人都抢不走的，你只要活着，智慧就永远跟着你。”

犹太人世代相传这样一个问题，其实是很有用意的，既是在引导孩子形成正确的人生观，也是在提醒自己，时刻把对孩子的教育重点放在内在智慧的培养上。

在犹太人的家庭里，孩子从很小的时候就开始背《旧约》，成了不变的定律。犹太人的目的不是让孩子们理解经文的意思，而是让他们机械地背诵。犹太人认为，这样大量的背诵是培养良好记忆力的方法。如果不能培养孩子的记忆力，以后学习其他事情就会有很大的难度。孩子在很小的时候会先从诵读祈祷文开始，稍大会接触《摩西五经》及《塔木德经》，这是每个犹太人一生必修的课程。而且，犹太人有一种特殊的方法来诵读经文。除了抑扬顿挫地朗读，还要按一定的节律左右摇摆。他们全神贯注地投入进去。他们认为，同时使用看、读、听、说、动，要比一般的单纯默读学习法，效率提高几倍，并且这种习惯会保持一生。

看了犹太人这个世代相传的习惯，就想到了日本教育学博士、国际著名右脑开发专家七田真。他指出，多运用听觉与背诵，而非我们传统上的视觉与理解，是打通右脑回路的有效方法，并且容易进入深层记忆，大量诵读会增强人的记忆力。同时，也想到我国古代也要诵经背诗，大概也有这个道理在其中。另外，犹太人杰出的智慧，是与他们动用全部感官来学习的经验分不开的。

犹太人终身读书的原因是把读书当成一件快乐的事。人小时候一开始读书就把识字看成快乐的事，就可以快乐和自主地读书。犹太孩童 3 ~5 岁打开律法书的时候，父母亲会在书页上滴上蜂蜜，让孩子亲舔纸上的蜜。这样，读书就像舔蜜一样。在一开始读书的时候，就让孩童尝到读书的甜蜜滋味。

所以，我们要向犹太人学习，去启发、引导孩子。只有不会启发孩子的父母，没有不喜爱阅读的小孩。

47. 家中藏书量，到底能给孩子带来多大教育优势？

内华达大学社会学家 M. D. R. 埃文斯带领团队对全球 73000 人的阅读及教育成就做了一个享誉世界的系统研究，其中中国的数据表明，父母有藏书 500 本的孩子比起家中没有藏书的孩子平均多受 6.6 年的教育。这是一个相当具有说服力的数字，强有力地证明了家庭藏书量对于孩子未来发展的重要影响。

M. D. R. 埃文斯领衔的研究团队补充说明道，“来自藏书丰富家庭的孩子，完成大学学业的可能性要比家中无藏书的孩子多出 19 个百分点。”

这种效应不论国家的财富、文化和政治体制如何都是成立的，但效应的强度则因国而异。在中国，父母有藏书 500 本的孩子比起家中没有藏书的孩子平均多受 6.6 年的教育。而在美国，这个数字是 2.4 年——但依然非常显眼，这相当于两年制大学和完整的四年制大学学位的差别。

研究人员采用了《世界不平等研究》的数据，采样来自一系列具有代表性的国家。在大多数国家里，调查受访者（共超过 73000 人）被要求估计他们 14 岁时父母家中的藏书量。学者们将这一数据同影响教育成就的其他因素，包括父母的受教育程度等进行比较。

“不管家庭已经有多少藏书，家里书架上每增添一本书都有助于孩子的学业前进一步”，他们写道，“但就整个（研究）范围而言收益并不是一样大。对于出身受教育最少家庭的孩子来说，家中藏书的效应更大。对于处在底层的家庭而言，藏书的数量甚少，以至于每添置一本书都显得至关重要。”

在家里摆放书的时候，最好在孩子的床头、书桌、沙发上都放些书，以便孩子随时随地都能接触到书，让孩子生活在书的“怀抱”里，受到书的熏陶，久而久之，孩子就会爱上书。在培养孩子读书兴趣的过程中，要经常和孩子一起在书店看看书。在书的海洋里，无数的读者或坐或立，都在如痴如醉地翻着自己喜爱的书籍，其中不乏孩子的同龄人，让孩子置身于书的海洋中，会给孩子一种书香的熏染。

所以父母本人不必是学者；他们只需读书、尊书，并把这种阅读的习惯传给他们的孩子。让孩子从小耳闻目睹的是家里有书的环境，让孩子从小内心就爱书、尊书，这样的孩子怎么会不爱阅读呢？

48. 陪孩子读书，父母能收获什么？

在我们家长分享课上，有一位家长告诉大家，她在陪孩子阅读的过程中可谓感受颇深，不仅发现孩子有了非常大的改变，连她自己也发生了很大改变。知识面更宽了，与孩子的沟通也更融洽了。她说：“通过与孩子一起读书，我发现跟之前相比孩子的阅读能力和对词语的运用能力很明显地提高。孩子小的时候，识字比较少，都是我读书给孩子听，上一年级后，识字多了些，我就试着让他自己读，读完后我再根据书的内容进行探讨，虽然孩子讲得结结巴巴，但也能说出个大概意思来。经过一段时间的阅读后，我发现，儿子的读书速度变快了，但是他没有一字一字地读，而是一目十行，文章中的好词好句，他并没有真正读到。

“发现这个问题之后，在之后的亲子阅读中，我改变了方法，首先让他自己先读一遍，自己摘抄一些他认为很好的词语。然后，我和他一起再读一遍，找出他没读到的好词，而对于他已经找到的好词，我也会不失时机地表扬一下，儿子就会感到很自豪，在读下一篇文章时，儿子会更认真地去找好词。

“再读比较有意义的文章后，我往往让儿子写读后感，虽然写的句子我们看来很幼稚很可笑，但那大概就是孩子最纯真的心得吧。到如今，经过一段时间阅读后，儿子在说话时，偶尔还会用上一些他新学的词语，当孩子用得好的时候我会从心里高兴，感觉到孩子的书没有白读。通过亲子阅读，不仅对孩子读书的积极性是一个提高，还给我们大人创造了一个学习知识的机会。

“为了孩子能更好地阅读，我给他买了各种各样的图书。现在，儿子已经养成了读书的习惯，不仅读我给他新买的书，而且双休日还不时地去图书馆自己阅读或者借到家里津津有味地读，从书中得到了无穷的乐趣。

“同样这些书对于我们大人也有益处。通过亲子阅读，不仅给孩子创造了一个读书学习的好环境、好氛围，自己也学到了知识。经过一段时间后让孩子养成一个爱读书爱学习的好习惯，这会让孩子受益终身。

“在亲子阅读的过程中，家长还要注意不能单纯地去读书，还要适当地玩一些益智类的游戏，家长可把读书本身也变成一种游戏，使孩子在轻松愉快中读书。比如在读完一个童话故事后，我们就用提问的方式，让孩子在做填空游戏中回忆故事中的情节。孩子在答出问题后，总会有成就感，家长要抓住时机给予表扬和鼓励，这样他也就更愿意到一本又一本的书里去寻找新的知识，接受新一轮填空游戏的挑战。在陪孩子阅读的过程中，自己也在不断修正教育方法，我和孩子共同发现一个神奇的地方，就是在读书的过程中，我和孩子感受到的是幸福和快乐。”

所以，能陪孩子阅读的家长，收获的远不止知识的积累，还有和孩子共处的亲子时光，而这种温暖的时光会在孩子的心里留下美好的记忆。

读书的好处就不必多说了，但是培养孩子良好的读书习惯，却不是一件容易的事，它是一个循序渐进的过程，着急不得。有人说，孩子是父母的一面镜子，孩子的一言一行，无不折射出父母的影子。用“自己的爱好读书，培养孩子的读书爱好”，是激发孩子读书兴趣，培养孩子读书习惯最有效的方法。父母是孩子的榜样，是实实在在的，是看得见摸得着的，所以父母要循循善诱，身体力行，包括亲子共读，还要不择时机地结合书中内容交流看书的心得，这样可以加深印象，促进理解。同时，为孩子营造一个书香家庭环境。读书是一种很好的休闲方式，尤其是全家人一起读书的氛围，那更是妙不可言。引用《阅读的妈妈》中的一段话：“你或许拥有无限的财富，一箱箱的珠宝和一柜柜的黄金，但你永远不会比我富有——我有一位读书给我听的妈妈。”孩子的智慧从哪里来？从妈妈讲的故事中来，从书本中来。

49. 如何给孩子制订计划，孩子学习才不会手忙脚乱？

很多父母说孩子总是在学习上手忙脚乱，平时没什么计划。而且有的父母认为孩子不愿意为自己制订学习计划，他们认为学习计划在一定程度上限制了他们的自由。特别是在上小学的孩子，他们非常贪玩，而且没有自律能力。

这是小学生经常出现的一个矛盾：缺乏自律能力又不喜欢制订学习计划。首先家长们要找到孩子不愿意制订学习计划的原因，很多孩子认为学习计划是家长们强迫他们执行的，他们内心抗拒，对学习计划充满抵触情绪。就算被迫接受家长制订的学习计划也难以有效执行，最后达不到效果。

学习计划一定要让孩子去制订，当孩子主动地去制订学习计划，他们内心才不会有抵触情绪，才能够更好地去执行学习计划，并且可以锻炼孩子的自主学习能力。但是，因为孩子的主观情绪和水平限制，家长要在孩子制订学习计划的时候给予建议和指导，共同完成。

古语说："凡事预则立，不预则废。"这就是说，凡事都要有个计划，学习当然也不例外。那么，如何帮助孩子合理地制订学习计划呢？

（1）制订可行的计划。

学习计划要求不宜过高，因为要求过高不仅难以执行，而且容易引起自卑感。有的孩子虽然订了学习计划但没有执行，究其原因主要有以下三个方面：一是计划订得过于理想；二是本人缺乏执行的毅力；三是周围条件不允许。当然，无论属于哪种情况，都可以依靠他本人的努力和身边人的协助而加以解决。

（2）考虑全部生活的平衡。

制订学习计划不能只考虑学习而不顾其他。其实，学习只是生活中的一个方面，其他活动对学习都有一定的影响，所以，在制订学习计划时，必须全面考虑。既要使学习在一天中占首位，又要使学习同其他活动协调起来。换言之，在一天的作息时间表里既要有吃饭、睡眠、上课、课外活动的时间，也要有休息、娱乐的闲暇时间，还要留出同同学、朋友、家人聊天、听广播、看电视等时间。总之，一天的活动要多样化，各种活动都应该适时且协调地进行。有规律而充实的生活是提高学习效率的基本条件。

（3）要有一定的灵活性。

计划不应绝对不变，根据实际情况和个人执行计划中的体会应允许有些变动。例如，某天孩子因参加运动会觉得身体非常疲倦，那就应该及时改变计划早早休息。如果单纯为了执行计划，你硬要孩子一边打盹儿一边坚持在规定的时间里学习，或是不做完十道题目就不睡觉，那就无异于削足适履了。

学习计划既要有灵活性，又必须以基本不变为原则，这样才有利于养成良好的习惯。倘若把什么情况都看成是例外，随便变更计划，就难以养成好习惯。所以，在一开始制订计划时就要考虑留有余地，计划一旦订好之后，就尽可能不要变动。坚持这一原则十分重要。

（4）有具体的学习目标。

这个目标要根据孩子自己学习的目标、以往的学习情况、学科进度、喜恶学科等情况来决定。

计划要适合孩子个人的能力和特点，不要从个人的喜恶出发，更不要照抄别人的计划，必须考虑自己孩子的体力、智力、学力、性格、志趣等是否与实现学习目的和采用的方法相适应。此外，还要注意家庭环境、经济状况、近邻关系等条件。

要把一天中的全部活动都纳入到计划中来。要使学习在一天的生活中占有适当位置并与其他活动协调起来。

要根据时期的不同来制订不同的计划。一般可分为学年计划、学期计划和一周作息时间表等。在制订作息时间表时要注意以下几点。

①自学时间集中使用不如分散使用效果好，尤其是前后内容连贯性不强的功课。

②为了能长时间持续学习下去，要注意中途休息五六分钟。可利用这段时间进行简单的放松活动。

③预习和复习的时间要分开进行。复习时间尽可能在当天课后进行，预习则尽可能在课前进行。无论预习或复习，都是距离讲课的时间越近越好。

④要充分利用上课时的空闲时间和自学时间，特别是整理笔记要尽可能在课后较近的时间里进行，“趁热打铁”。

⑤娱乐时间的安排要适当，使精神能从紧张的学习状态中解放出来。在学习时间分配上应适当考虑运动、娱乐、社交等活动。

⑥变化学习科目的时间不应定得过死，要根据学习的进度来决定。

⑦所学科目的时间分配顺利，要考虑内容近似的科目尽可能不要连续学，以免互相干扰，影响学习效果。

（5）制订学习计划的注意事项。

一份完整的学习计划通常包括学习目标、时间安排、具体的实施办法或措施等内容。

制订学习计划时，家长一定要引导孩子充分考虑以下几个方面：

Why——为什么学习。即学习的目的和意义。这是孩子积极、主动学习的动力。

What——学什么，达到什么目的。即学习的对象及目标。这是学习计划的实质性部分。

Who——我是“谁”。即孩子的实际情况，例如，孩子的基础水平，学习能力、个性特点、学习风格、优势和弱项等。这是保证切实可行的重要前提。

Whom——向谁请求学习帮助，与谁一起学习。一个好的老师，一个学习能力强的学习伙伴，对孩子的学习都是极大的促进。

How——具体的学习方法和措施。这是确保学习计划得以实施的必要条件。

50. 新学期开始，跟老师谈什么？

在假期孩子容易养成懒散的习惯，很多家长在新学期开学会跟老师说：“老师，孩子送您这儿，要打要骂由您。”

如果这样说，那么在我看来是有问题的。虽然家长全权把孩子托付给老师没有错，但这种对老师的交代不科学。家长最终的目的是，让老师对自己的孩子严格要求，让自己的孩子有纪律性。只是家长说话不得当，如果孩子被老师严加管理出了事的话，家长又会当仁不让。所以想法是好的，但是孩子需要的是鼓励与支持，而不是打和骂。俗话说：严师出高徒。但打和骂是最不正确的教育方法。

新学期，为了帮助孩子在学业上取得更大的进步，家长需要知道孩子本学期的学习期望是什么。通过问以下问题，你就会有所发现。下次家长会上，你可以带上这个列表，和老师进行沟通。

（1）今年我的孩子预计会掌握哪些知识和技能？

今年在重点学科方面，像数学、英语、语文等，我的孩子会学到什么？

孩子学校所在的学区是否规定了一些有挑战性的学业标准？与其他学区相比，这些学业标准的难易度如何，我可以看看相关规定材料吗？

你打算以什么方式告知学生，他们应该达到的学业标准？你计划采用什么样的教学方式？这将有助于我的孩子达到更高的学业标准。

（2）问问老师将如何评估学生？

使用什么样的标准和方法来评估学生呢？怎么判断他们的学业水平是否可以顺利升入下一个年级？

在老师的课上，成绩是如何评定等级的？

（3）为保证更多地参与到孩子的学业进步中，我们家长能做些什么？

在家里我能做什么，来补充和配合学校工作？

我怎么能了解到，每天老师给孩子布置了什么家庭作业？

为了帮助孩子达到更高的学业标准，我需要怎么去支持老师的工作？

（4）老师如何面对学生们的学习差异，因材施教？

如果我的孩子学东西比较慢、学习落后，老师会用什么方法来进行教学？假如是遇到学习超常或厌学的情况呢？

是否有暑期学校、课外辅导或其他项目，可提供给需要更多帮助的学生？

如果家长和老师能就孩子的学生情况进行沟通，老师一定会认为这是特别负责任的家长，也是有教育智慧的家长。不是那种全部交给老师，自己不管不问的家长。老师得到这些家长的问题或沟通，就会积极回应，从而，从学校和家庭两方面着手对孩子进行规划。

51. 作为家长，如何与老师打交道？

家长问我：“陈老师，老师会因为家长的处事方式影响对学生的态度吗?”

我想说答案是“会”“肯定会”“非常会”。

孩子在学校最大的悲哀不是成绩差，不是常被老师叫去办公室，不是常被请家长，而是老师不再注意他。被老师完全放弃的孩子在学校的生活绝对是黑暗的。但是，很多时候孩子在学校被放弃不是因为孩子，而恰恰是家长的做事方式所导致。作为家长，我们决定不了孩子会碰到什么样的老师，但是，可以尽自己的努力，促进孩子健康成长。

我有一位朋友儿子上小学，他总抱怨孩子写作业时间太长，老师的惩罚手段太过严厉等，尤其对孩子的数学老师微词颇多。

我提醒她有问题要积极地去找老师沟通，而不是消极地抱怨，否则会把这种情绪传染给孩子。而孩子又无法改变和摆脱那样的环境，可能会影响孩子的学习兴趣。一学期下来，果不其然，孩子的成绩很不理想，尤其是数学成绩是所有科目中最差的。跟孩子聊天，孩子也说，我不喜欢数学老师，我不喜欢上数学课。的确，我们都知道，很多时候一个学生喜欢这门课的老师，就会喜欢这门课；尊敬老师，在课堂上认真听讲，课堂效率才能高，知识才能掌握得牢。

如果孩子不喜欢老师，通常就连带着讨厌那门学科，不会在这个老师任教的课上很好地参与，这门课的学习效率肯定会比较低，吃亏的只能是孩子。

家长的职责不是为孩子制造问题，而是要帮孩子解决问题。要引导孩子去喜欢老师，哪怕做不到喜欢，也要尊重老师，这样才能让孩子更好地学习。

不要在孩子面前说老师的坏话，最好能为老师在孩子心目中的印象加分，即使自己对老师有什么不满，也不要在孩子面前流露，可以私下跟老师沟通。因为你的抱怨除了对孩子产生消极影响外，别无他用。

一位家长在微信群里说，觉得孩子在一二年级就不应当有书面作业，所以，要么我帮孩子写，要么直接告诉老师我们不写。可是让孩子不写作业，孩子就那么幸福吗？

除非你现在就把孩子送到国外，要不就尊重并配合老师。你改变不了中国的教育大环境，反抗教育大环境的想法最终会害了孩子。如果孩子在班级与集体格格不入，孩子的成长过程最痛苦。

一位老师说，每次开家长会，他都有一种错觉，好像孩子是老师的，老师在讲台上恨铁不成钢地说着某些孩子的不足或者家长做得不够，而家长也只是被动地听听算了。

有时候学校让家长和孩子一起做个手工、共同讲一个故事或者参加个学校活动、开个家长会等，家长就有很大的意见，怎么你们老师的事这么多？

可是，老师只是孩子暂时的老师，父母却是孩子一生的父母。学会配合，学会遵守一些规则和规定是孩子走向社会的必修课。

和孩子一起完成老师布置的一些任务，当作难得的亲子时光，从遵守学校的规定开始教会孩子，有些合理或者我们认为不合理的规定，我们也有遵守的义务，不是更好吗？

当然，虽然大部分老师都是爱孩子，为孩子着想的，也不排除有些老师存在违规的过激行为或不恰当的做法。孩子，尤其是小学三年级以下的孩子，往往还没有能力很好地表达自己的思想和行为逻辑，无法为自身做出充分辩护，换句话说他们没有足够的力量保护自己。

家庭是港湾，孩子如果在学校受了委屈或者不公正的待遇，家长要给予包容和支持。在了解事情经过后，如果觉得老师的做法特别不合理，应及时加强与老师的沟通，恰如其分地向老师表达不满。

其实很多老师都希望能收到家长的反馈，看到家长对孩子教育的态度。现在基本上都是大班，一班四五十个孩子，甚至一些班级五六十个孩子，老师有时候心有余力不足，即使看到孩子的一些问题，也不能做到一一纠正。

及时地跟老师沟通，了解孩子的情况，解决孩子学习中存在的问题，尤其是孩子学习情绪出现问题时，或者你认为老师的做法有不当之处时及时沟通解决，才是一个负责任的家长的做法。

如果经过家长努力沟通，有些老师仍然对孩子造成实质性伤害，家长就需要坚决站在孩子一边，可以通过换班、转校等方式来保护孩子。

家长和老师从来都不是一对不可调和的矛盾，而应是教育孩子战线上的“同盟军”，劲往一起使，才能促进孩子健康成长。

52. 初中生恋家，独立性差怎么办？

有些家长咨询我刚上初中住校的孩子，表现出来的种种小问题，最多的是说孩子太恋家，独立性差。总是想家，没有什么心思投入学习，对于新环境也有不适应，不知道该怎么处理。

“我想家”这是出自远离父母求学的初一新生内心的感叹！只有找到“适应的方法”才能适应变化的环境。

A同学，男，初一新生。在入学不到两个月的时间里，和同学动手打架多次，原因都是一两句话不投机，或无意的相互碰撞；上课多次迟到，因为想爷爷奶奶，一有空就给家里打电话；多次不交作业，不是不会，而是时间不够没写完或忘了带作业本；课间或自习课上，他常常一个人坐着发呆，若有所思；有时，还紧握双拳表现出一副“英雄无用武之地”的痛苦状……作为住宿生，他不能习惯学校“严格”的作息制度；早操前，来不及收拾被褥，几次被生活老师点名批评；晚上，不习惯自己去打热水、洗漱；更有几次，莫名其妙地趴在床上大声痛哭，嘴里还叨念着：“我为什么不是天才？”让同学们目瞪口呆。

其实，A同学的种种异常表现，源于对新环境的适应不好。

入学适应不好，是新生中常见的一种适应性障碍，尤其在初一新生中最为普遍。因为初一新生大多为十二三岁的孩子，自身的适应能力比较差。从小学升到中学，面对突然变得紧张的生活和学习，相当一部分孩子没有做好充分的心理准备。面对突如其来的困难和挫折，他们有的一时间没有了精神支柱，甚至失去信心，产生自我怀疑的消极情绪，变得心情抑郁；有的遇事难以自控，便采取种种激烈的方式来发泄。

在我看来，孩子进入初中恋家是正常现象，家长不要有压力，不要责怪孩子。在刚入学的时候，第一周周末让孩子在家两天，慢慢两周回家一次，三周回家一次。可以在孩子周末回来时，告诉孩子你已经长大了，要学会自己照顾自己，也可以让孩子参加一些培训课程，学习增强独立性。让孩子明白，住校才能学会处理自己的日常事务，并让他学会尽量独立处理自己面对的困难。

中学生住校的好处是节省每天上下学路途时间，学校生活更有规律，学习功课的气氛浓点，学习成绩能够更好一些。

中学生走读的好处是每天上下学路途实际上使身体得到了锻炼，还有利于孩子和家长之间培养亲情，接触社会也多些，社会能力会更强一些。

假如离家近就走读好，假如离家远就住校好！不过总的来说，我觉得还是住校好，可以锻炼孩子的独立能力，和同学多相处能够了解更多的处世之道，以便为将来步入社会打好基础。

父母也要配合老师，尽量不要过分渲染与孩子分开的离愁别绪，告诉孩子这是成长的必经之路。上了中学如果有住校的必要，那么父母就要提前开导孩子，再和孩子一起找一些住校的攻略，比如，如何适应集体生活，如何自己照顾自己，如何跟新同学处好关系等，任何一种问题，防患于未然总是比有了问题再解决更容易些。

53. 如何让孩子开口说学校的事情？

有个家长说：“我儿子基本不聊学校的事情，一问三不知，在小学的时候甚至问他午餐吃什么都不记得。所以后来也懒得问了。据说这是男孩子的通病，看来这个情况非常常见。说来还是有点遗憾的，他的小学在学校怎么过我都不是很了解。”

如今，有越来越多的孩子回家什么都不和父母说。父母担心、焦虑、想知道他们的情况，难免会追问孩子，一味追问带来的结果往往是孩子更加的沉默。孩子不交流，父母要耐心寻找深层原因，对症下药。

父母怎么做可以使孩子开口交流呢?

(1) 去了解孩子。孩子为什么不和父母说?找到原因，父母改变之前对待孩子的态度和方式，有可能去除与孩子之间沟通的障碍。

(2) 去倾听孩子。让孩子能够说出对父母的不满和之前的做法对孩子造成伤害的地方。在孩子能够开口说的时候，父母能够做到专注地去听，不评判、不指导、不指责、不抱怨，只是听到，并且把听到的反馈给孩子，让孩子知道你在听、听懂了。父母仅能够做到倾听孩子，就会使孩子的感受发生改变。

(3) 去感受孩子的感受。如果父母能够站在孩子的立场，感受到孩子的感受，并且把感受到的东西反馈给孩子，孩子因为自己的感受被接纳，抗拒心理就会减弱。

(4) 帮助孩子表达自己的感受。在家里不和父母说话的孩子，往往会压抑自己。想想平时对孩子的要求是否太严格?想想家庭是否不民主?如果是的话，父母自己首先做出改变，才可以在家里创造一个真正自由自在的环境，允许孩子出错，让孩子逐步地放开自己，能够自如地表达自己的任何观点和想法。

(5) 要看到孩子的进步，时常认可、鼓励和赞美孩子。如果做到这些，孩子还是不太乐意与父母说学校里的事情，那么，父母可以用下面这些问话技巧来达到让孩子愿意与你交流的目的:

①今天在学校发生的最令你开心的事情是什么（你最讨厌今天在学校

发生的什么事）？

②今天在学校什么事情把你逗笑了？

③如果可以选择，你愿意坐在谁旁边（你不愿意坐在谁旁边）？

④学校最酷的地方是哪里？

⑤告诉我你今天听见最古怪的词语，是谁说的？

⑥如果我今天晚上给你的老师打电话，他会跟我说什么？

⑦你今天帮助别人了吗？

⑧今天有人帮你做什么了吗？

⑨告诉我一件你今天学到的事？

⑩你今天什么时候感到最开心？

⑪你今天在什么时候感到无聊？

⑫如果外星人开着宇宙飞船到你们班绑架走了一个人，你最希望他是谁？

⑬在休息时间你可以选一个从来没一起玩过的小朋友一起玩，你选谁？

⑭告诉我今天发生了什么好事？

⑮你的老师今天说得最多的词是什么？

⑯你觉得你在学校还应该多学（做）点什么？

⑰你觉得你在学校应该少学（做）点什么？

⑱你觉得在你的班级里你应该对谁更好一点？

⑲你在休息时间在哪里玩得最多？

⑳你感觉在你的班级里谁最有趣？为什么？

㉑今天午饭什么菜最好吃？

㉒如果明天你成了老师，你会干什么呢？

㉓你的班里谁需要管管？

㉔如果你可以和班里某个人交换座位，你会选择谁？为什么？

㉕告诉我你今天在学校使用铅笔的三种不同方法？

54. 如何引导孩子爱上学习？

让孩子爱上学习，这应该是全天下父母和老师的心声。如果再往下问，为什么要让孩子爱上学习呢？父母一定会说，学习好就能考出好成绩，考上好大学，将来毕业能有一个好工作，有了好工作以后不就有好生活吗？

这个现象说明一个什么问题？在大部分父母心中，认为孩子只有考上好学校，有好工作才是他们追求和渴望的。而对于一个孩子的梦想和爱好，父母基本可以忽略，或者是关注得不够。也就是说，父母宁愿孩子没有爱好和梦想，也要去选择好学校好工作好薪水。这有错吗？没错，为人父母谁不希望自己的孩子有靠谱的工作拿着高薪呢？而事实上孩子对于父母的这种渴望会有同理心吗？人人都有此念，想要好学校，好工作，甚至是好收入。所以，很多父母的口头禅就成了“一定要好好学习，将来才能有个好工作，才能养活自己”。这种教育没错，但没境界。如果一个孩子学习仅仅是为了将来能养活自己，孩子哪可能有动力？哪可能爱上学习？

现在的孩子们生活在一个物质相对丰富的时代，由于大部分家庭只有一个孩子，即使不是大富大贵的家庭，孩子的生活也是衣食无忧。因为他们不担心会饿死，那么对于孩子来说什么好大学、好工作、铁饭碗就不再是诱惑。而与之相反的，或者说能让孩子真正爱上学习的，是家长和老师能触动他的兴趣，让他为了兴趣而学，也就是为了梦想而学。

一个有梦想的人，会为了自己的梦想冲破重重阻力，而且在实现的过程中会把困难带来的压力变为动力。就像周恩来小时候抱定的一个梦想“为中华崛起而读书”，这一梦想最终实现了。莱特兄弟从小梦想着飞上天，最后实现了。罗琳从小梦想着能写出神话故事，结果《哈利·波特》让她誉满全球。施瓦辛格从小梦想当一名演员，所以苦练身材，最后成了最健美的男一号。所以，不怕孩子不学习，就怕孩子没有梦想和爱好。只要孩子有梦想，家长要做的就是呵护孩子的梦想，引导孩子的梦想，让孩子为了自己的梦想去学习，去努力，那样孩子喜欢，父母省心。

所以，在对孩子进行教育时，应该尽可能摒弃类似“饭碗危机”形式的教育，而选择对孩子进行“梦想教育”。因为科学家的科研实践证明，无论是孩子还是成年人，只有在为自己的兴趣和梦想学习和劳动时，才会以苦为乐，乐此不疲。

所谓“梦想教育”就是要从孩子的兴趣入手，发现孩子的潜能优势，点燃孩子的“梦想”，让孩子为自己的“梦想”主动学习。家长首先应该明白这种教育方式的几个基本原则：

（1）每一个孩子的生命里都有“梦想”的种子，家长的任务只是发现、呵护和培养。发现的方法主要是观察、倾听、交流和沟通。在现代科技发达的前提下，也可以辅以测评手段予以佐证。

（2）“梦想”一定要是孩子自己的“梦想”，而不是家长强加给孩子的梦想。

（3）当孩子的“梦想”与大人期待的“梦想”大相径庭时，要充分尊重孩子自己对“梦想”的选择。当然，前提是孩子的“梦想”不能违背社会的主流价值观。

（4）当孩子的“梦想”，也就是人生的奋斗目标确定后，家长要做孩子梦想的守护者和孩子实现梦想的相伴者，千万不能越俎代庖。

（5）帮助孩子实现“梦想”。家长要帮助孩子制定实现这个“梦想”的近期目标，而后根据这个目标找出孩子实际存在的差距，再根据这个差距制定缩小差距达到目标的具体措施，然后再督促孩子把这些措施落实到具体的行动上。

（6）家长还必须明白，不能把孩子的“梦想”确定为考上某一所名牌大学，更不能是在某一次考试中排名多少。“梦想”是孩子根据自己的兴趣爱好加上科学测评后获得的相关指标，由孩子、家长、老师甚至还有专家共同为孩子设计的人生奋斗目标。“梦想”比考名校、争名次要大得多。如果“梦想”只是一个在三年两载就能实现的具体目标，孩子一旦实现了这个目标，人生就会陷入新一轮迷茫。

家长一定要明白，孩子的学习是为他自己，而不是为父母。只有把这一点灌输给孩子才能让孩子爱上学习。对于兴趣和梦想的追求，孩子才实实在在是为自己，如果父母总在强调或要求，孩子则认为学习是为父母，成绩是为了考给父母的。

55. 当孩子说成绩考砸了，你怎么办？

在中国，不重视孩子分数的家长几乎没有，但绝大部分家长，在对待孩子考试成绩的问题上却有失偏颇，甚至动辄就打骂孩子的也不少。

要追根儿，当然又离不开中国父母的惯性思维：好成绩—好工作—好生活。否则，成绩不高就被划为差生的行列。不过，我们也要看几个特例：

一个小孩6岁才会说话，10岁才会写字，老师对他的评语是：“反应迟钝，思维不合逻辑，满脑子不切实际的幻想。”你能说他是差生吗？他叫爱因斯坦。

一个孩子高考考了3年，第一次英语只有33分，后来他开了家名叫“新东方”的英语培训学校并在美国上市。他叫俞敏洪。

一个孩子高考也考了3年，第一次数学考了1分，第二次数学考了19分，第三次数学才考了79分。他叫马云。

当然以上只是针对性举例，并不代表低分的人都有前途。但我们也必须承认：人与人之间确实是存在差异的。

一个孩子如果平时成绩好，偶尔一次考砸，父母没必要大惊小怪，这是孩子的一次发挥失常。如果一个孩子平时成绩就总不理想，那么父母要从根源上找原因。

孩子考砸了不可怕，可怕的是父母采取了错误的应对方式。因为错误的应对方式会使孩子离好成绩越来越远，而用对了方法，孩子就会走出考砸的阴影，考出理想的成绩。

下面我以几个学生的实例来说明。

一个女孩，每次考试都能保持在年级前几名。一次我就问她的母亲，孩子是如何保持这么优异的成绩的。那位母亲就给我讲了这样一件事：在读小学五年级的时候，有一次孩子英语只考了50分。孩子看见妈妈就哭了，妈妈就问她是怎么回事，原来是还有一面试卷没有看到。妈妈知道后，没有一句指责的话，而是对她说："这个错误以后你注意了就好。"从那以后，孩子的成绩就没有低于95分过。

两个孩子，第一次月考，都考砸了：一个是男生豪，一个是女生妍。

第二次月考，妍突飞猛进，而豪继续退步。我就分别找到妍和豪的母亲询问究竟。

妍的母亲告诉我：知道女儿考砸后，我担心孩子难过，就买了好吃的做给她吃，并告诉她这次考砸没关系，以后努力就好。豪的母亲告诉我：知道儿子没考好，我很生气，就不答理他。

听了豪的母亲的话后，我就把前面那个女孩和妍的故事说给豪的母亲听。并对她说："豪连续两次没考好，就是因为他在考试的时候，总是担心考不好，你会生气。你想想看：在考场上，这样的状态，孩子能考好吗？这次你回家，要让豪看到你对他的理解和支持。只要你能做到，下次他的成绩肯定会进步！"听了我的话，豪的母亲一口答应了。第三次月考，豪果然进步很大。

从这两个例子中，可以看出父母的不同应对态度对孩子会产生截然不同的教育效果。所以，面对孩子的成绩考砸，父母要分析原因，然后给出指导和爱的关注，而不是批评、责骂甚至讽刺与打击。

（1）孩子考得好的情况下。

可以给予孩子适当的物质奖励（如给孩子买一套他喜欢很久的图画书）和精神奖励（可以是一个简单的吻）。

虽然孩子是为自己学习，但好成绩意味着付出了努力，这种努力值得奖励。同时奖励要在合理范围内，不宜用物质刺激来诱导孩子养成利益驱动的心理。

帮助孩子进一步优化学习方法。问问看：同样的分数，和别的孩子相比，你的孩子是否牺牲了更多的课外时间呢？比如下面这个例子：

小刚和小明期末考试英语都考了100分，但小刚每天需要花1小时复习，小明每天只需要花30分钟复习，虽然最后成绩是一样的，但从投入与回报的比率上看，小明的学习效率明显更高。因为小刚每天集中一小时复习，小明则早中晚各花10分钟复习，英语作为一门记忆性很强的语言学科，多次重复利于记忆，所以采用零碎时间分散复习可以达到事半功倍的效果。

（2）孩子考得“差”，忌唠叨、讽刺和挖苦。

有的家长望子成龙心切，分数不理想，怎么解气怎么说：“榆木疙瘩脑袋!”“一样的脑袋，你怎么就这么笨!”

孩子都是有自尊心的，听到这些讽刺，往往会产生逆反心理。时间久了，就会内化为自己的东西：“我妈总骂我笨，我是够笨的。”表面上看他们对父母的讽刺、挖苦无动于衷，其实这种内伤很难医治，儿童心理医生观察发现，那些看起来无精打采、自卑内向的孩子，肯定是在否定批判的环境中长大的。

长此以往，孩子还会产生“抗药性”，这就是为什么很多家长说“我说什么他都不听”的原因。

56. 教育孩子除了成绩还要关注什么？

很多家长认为家庭教育就是辅助学校教育，让孩子拥有好的成绩，这固然是一个方面，但却远远不够，除了成绩我们要关心的还有很多。

除了学习成绩，是不是还是学习成绩？有多少家长关注过孩子最好的朋友是谁，关注过孩子最近的情绪变化，关注过孩子的兴趣爱好？事实上，后面这些发展性因素，才是决定孩子未来人生质量的关键因素。

相关调查结果显示，很多家长只关心孩子的健康安全、学习成绩等现实性因素，对兴趣爱好、性格养成等发展性因素的关注度较低。从高到低依次为：健康安全（65.95%）、习惯养成（55.47%）、日常学习（53.58%）、人际交往（37.89%）、自理能力（33.75%）、性格养成（28.09%）、兴趣爱好（19.47%）、情绪情感（11.93%）。

由此可见，家长更关心“成才”而忽视子女“成人”，所以不太关注人际交往、自理能力、性格养成、兴趣爱好、情绪情感等发展性因素，对建立亲密亲子关系、营造良好家庭文化氛围的重要性认识不足。在这样的价值取向下，孩子的课业学习成为大多数家庭的重点，超八成小学生放学后有额外作业，近五成家庭将学习作为亲子沟通主要话题，四成学生回家后没有户外活动时间。

家庭教育中除了成绩，我们还要关心什么？

在家庭教育中，很多家长由于在孩子幼儿期没能把孩子给彻底教好，孩子长大后身上有骄纵、易怒等不良的性格特征，家长束手无策，于是，把希望寄托于等孩子上了小学，交给老师就好了。其实，这种想法大错特错，家长只要换位思考下，就能明白这种想法基本不可能实现。你带一个孩子都搞不定，老师带一群孩子就能搞定了？老师又没有三头六臂，怎么可能方方面面都做到尽善尽美呢？在孩子教育中，有的教育必须是由家长自己来完成的。

所以除了成绩，我们更应该关心孩子以下方面的教育：

（1）细节。

在家庭教育中，督促孩子，利用碎片化时间，早早地完成作业，免得孩子最后搞突击。尤其孩子在小学阶段，家长必须要培养孩子尽早完成作业的好习惯。你迁就孩子，就等于坑害孩子。完成作业了，剩下的时间，孩子可以读课外书，可以休息。还可以让孩子多做些卷子，保证孩子对试卷内容更熟练地掌握，从而成绩更好。

（2）安全意识。

无论老师嘱咐了多少遍，总是有些学生在放学路上违反交通规则。在家庭教育中，对孩子安全规则的教育，必须从娃娃抓起。家长别闯红灯，别抱侥幸心理，遇到孩子有乱跑乱闯行为，必须严加训斥。

（3）主动学习习惯。

在学校，老师给孩子布置了作业，但是，什么时候完成，如何完成，完成质量如何，却是老师完全没有办法去把控的，并且回到家，孩子是否去预习，复习功课，老师都没有办法去掌控，所以，在家庭教育中，孩子的学习习惯不能等着老师去教，而是由父母来培养。

（4）冷静沉着。

凡是抱怨孩子功课压力大的家长，孩子也会觉得学业重，自己学习累。在家庭教育中，凡是告诉孩子风雨中这点痛算什么，这样的家长养育的孩子会坚强些。天下的学生，要想学习好，都是一样累。家长们作为工薪层或普通百姓，都在辛苦谋生。学习远远比艰苦谋生容易多了，家长何必心疼孩子累呢？难道，你希望孩子到了中年，比你还辛苦吗？

57. 他全班倒数第一却得了诺贝尔奖，为什么？

我想举约翰·伯特兰·格登的案例，是想告诉我们的家长，不要在意老师的一次差评或者成绩的不理想，哪怕是被视为彻头彻尾的差生，这都没有关系，只要是天才，总有一天会大放异彩。

约翰·伯特兰·格登在整个小学生涯，他都没有特别擅长的科目，以至于采访他当年的同学，大多数人对他都没什么印象，太普通了，成绩也不好。好在有一个同学还记得他——每次考试成绩出来，他的脸上都是阴天。

小学的几年中，他被生物学深深吸引，甚至在学校养过上千只毛毛虫，看着它们变成飞蛾，这算是他给人最特别的记忆，只因在当时引起老师和同学的强烈反感。

15 岁时就读于伊顿中学，如愿读上生物课，这是他最喜欢的课程，但是他的生物课成绩在 250 个男学生里面排名倒数第一，其他理科成绩也牢牢垫底，被同学讥笑为“科学蠢材”。当成绩是最后一名的时候，还梦想将来要做个科学家，确实让人觉得荒谬可笑。

他的老师加德姆写了一份报告：“我相信他有成为科学家的志向，但以他现在的表现来看，这真是万分的荒谬可笑。”这位教师还觉得他“无法明白最简单的生物学事实”，继续教他“简直是浪费彼此的时间”。

尽管自己成绩很差，老师也认为坚持下去没有希望，但他没有放弃，继续自己的想法，他觉得哪怕不能成为科学家，也要满足自己的爱好。

中学毕业申请牛津大学时，由于成绩不佳，他被古典文学研究系录取。招生主任找到他，跟他说，牛津可以录取你，不过有两个条件：第一，必须马上来上学；第二，你不要学习入学考试的科目。

也就是说，牛津大学录取他的条件，是不允许他研究生物专业，或许在老师看来，以他的成绩真的不适合做科学家，不如去学习他所有成绩中看起来相对还不错的古典文学，这或许是老师对一个孩子的关心，坚持固然重要，但错误的方向只会让人离成功越来越远。

但是，他仍然对生物学情有独钟，在牛津大学学习一年古典文学后，他申请转入生物系，再次被老师拒绝，老师听闻过他的生物成绩，不同意他的加入。尽管不被人们相信，他还是坚守自己的爱好，曲线选择了动物学研究，这跟生物学有莫大的关系。

这一次，不仅仅是老师，连一直支持他的母亲也反对转系，在母亲看来，英国的古典文学，是世界出名的专业，放着这么好的课程不学习，选择一个冷门的动物学，还是他成绩很差的专业，简直是一件疯狂的事。

他有点倔强，一如既往坚持自己的意愿，拗不过他的家人只得放任他的选择。如愿以偿，他终于开始自己喜欢的科研生涯。此后的时间，他把所有精力交给了生物研究，可是，他还是“太笨了”。一级的同学，有的生意兴隆，有的出版了小说，甚至在生物研究领域也有同学研究出了成绩，只有他还是默默无闻，不知道在折腾些什么。

喜欢的专业，而不是成绩的指引，让他能顶住所有的压力，最终在生物学领域“化茧成蝶”。1958 年，在完成博士学位时，他从蝌蚪细胞提取出完整细胞核，成功克隆了一只青蛙，一举成名，被称为“克隆教父”。在牛津读完博士后，他又在加州理工学院完成博士后研究，从 1971 年开始，他一直在剑桥大学工作。2012 年，他以在细胞核移植与克隆方面的先驱性研究荣获“诺贝尔生理学或医学奖”。

约翰·伯特兰·格登，曾经是最差的学生，多年以后，成为公认的同时代最聪明的人之一，在他现在工作的剑桥大学办公室，还挂着当初老师给予的那份最差报告，他用此告诉自己：面对爱好，即使失败也不要放弃。

我们中国的家长和老师要做这样的反思。诺丁汉大学当代中国学学院院长姚树洁曾撰文说，中国目前的人才观和教育理念，有其严重的片面性。而这种片面性，往往是扼杀最佳人才，或者是扼杀人才辈出的致命缺点。

尤其是家长，在面对孩子不理想的成绩时，不要死揪着不放，而是要挖掘孩子的梦想和爱好，辅助他不断去探索和实现。因为，很多时候，成绩不是很可靠。

58. 孩子不爱学习，为什么家长说什么孩子都不听？

谈起学习的事情，让很多家长头疼的是：家长让孩子学习，孩子为什么不听？我认为之所以出现这种情况，有三个原因：第一，家长说得不对；第二，家长说得对，但是说的方法不对；第三，家长说得对，方法也对，但是家长在孩子心中没威信。这种回答看似简单，其实蕴含着很多家庭教育的“门道”。

（1）我们看家长说得不对。

家长对于孩子的学习，经常挂在嘴上的是，你怎么就不爱学习呢？脑子怎么这么笨呢？我在你这个年纪可没让父母这么操心。

孩子一听这话，你说，他会听你的吗？不是指责就是对比，还拿自己曾经的“英雄事迹”来打击孩子目前的“狗熊状态”。

所以，家长需学习转变观念。

重智轻德，是很多家长在孩子进入小学后最常出现的问题。“家长最主要的是要转变观念，要学习。”家长应该订阅几份家庭教育的报纸，买几本家庭教育的图书。家庭教育不能摸着石头过河，因为“家庭教育只有一次，不能重来”。通过多学习来研究自己的孩子，要结合孩子的年龄、心理特点、性格特征以及某个问题的主客观条件等，有针对性地去跟孩子沟通。

（2）家长说的方法不对。

现在很多家长在教育孩子时，常用居高临下、单刀直入的方法和态度。这是不对的，说服教育要力争做到情是深的，心是软的，语言是感人的。具体应该怎么做呢？对于孩子不爱学习的问题，父母首先要表示出同理心，跟孩子站在一条线上。比如，当年妈妈或爸爸在你这个年龄也很不爱学习，经常逃课……用这个打开话题，孩子往往更乐意接受。然后导出之后你是如何爱上学习的，比如受了什么启发或是有了什么志向等，这样一来，孩子就如同找到了知音。

（3）家长没威信。

如果家长没有威信，不管说什么，孩子都会当作耳旁风，一则是你的话不起作用，二则是他不把你的威信当回事儿。威信是怎么来的？一定是平时跟孩子像朋友一样相处，定好家训家规，沿袭下来的。

树威信不是专制，如果总是居高临下地控制，很难有威信，造成孩子不愿与家长谈话。家长和孩子应该是朋友关系，同时也是长辈和孩子的关系，要长幼有序。两者是不相冲突的，可以结合。相处时是朋友关系，在家庭事务的处理中，要长幼有序，也就是说最后“拍板”的还是家长。为什么很多家长在孩子心中没威信？溺爱是最主要的原因。孩子从小娇惯，总是想干什么干什么，最后家长说什么反而不管事了。每个家庭定一个家规。如孩子每天玩游戏机半小时，超过就不给玩了。家规要家长与孩子共同协商，共同遵守。有了家规，孩子做到了可以表扬、奖励，做不到就要惩罚。这样，家长的威信就树立起来了。

对照上面三点，父母要时刻注意自己的言行，慢慢学习提高，再去跟孩子沟通的时候就会有了突破口。

59. 家长如何平衡学习与游戏的关系？

喜欢游戏是人的天性，不只是孩子喜爱，成人也喜爱。只是成人善于伪装，过了那个年龄就似乎有了说教别人的资格。事实上，我们如果做个试验，让一个成人去做应用题和让他玩一关好玩儿的游戏，成人也会选择轻松不费脑的游戏。对于一个还不能很好地自控的孩子，受游戏吸引是再正常不过的事情。

“学习”与“游戏”，乍看之下有天壤之别，给人截然不同的感受，前者枯燥乏味，成为一种负担，后者妙趣横生，给人带来欢乐。之所以会这样，是因为有些同学忽视了它们二者之间的共同点，那就是“投入”。投入与否也即我们常说的是认真、执着、积极参与，还是马虎、敷衍、消极应付。其实，学习与游戏都要求我们全心全意投入其中。

也许有些同学要问：同样是“投入”，为何“投入游戏之中”就是乐的，而“投入学习之中”却是苦的呢？世界上竟有如此相悖的道理？当然没有！问题出在学习者自身。我们知道，“投入”需要耐心。对于游戏我们都深有体会，每个参与者都能充分发挥自己的主观能动性，自始至终积极主动地投入整个游戏过程，甚至废寝忘食，通宵达旦。而投入的过程就是参与的过程、探究的过程、选择的过程、与他人协作的过程，也就是获得快乐的过程，从而使我们得到了满足。如果能在游戏和学习之间找到一个平衡点，我是不反对孩子玩游戏的。玩游戏的孩子思维活跃，还能间接帮助学习。

那么，这就要求家长平日里正确引导孩子。尤其在当今电子产品已经大量应用在辅助学习的情况下，父母不能完全放任孩子玩游戏，也不能不让孩子碰游戏，这是两个极端。应该对孩子提出合理的玩游戏和学习时间。

（1）在每日完成课外作业、读外阅读、兴趣学习等的情况下可以使用电子产品。

（2）孩子每次用时为 40 分钟，大人根据工作和生活情况酌情而定。

（3）应用主要功能不得与辅助功能（游戏）掺杂在一起。违反一次，取消本周应用电子辅助功能的机会。

（4）对孩子——周日晚至周四晚在完成家庭作业后，允许应用电子产品玩游戏，每周三次机会，具体安排到哪一天晚上，由孩子自己选择，但要视全天表现情况，并征得父母同意方可实施，每次 40 分钟。如有超时，累计超时时间从下次或者以后的应用游戏时间中扣除。周五晚至周日白天可以玩网络游戏两次，每次时间为 60 分钟。

(5) 对大人——不能在限制孩子玩游戏的时间里，自己却玩得不亦乐乎，这种情况下孩子会质疑父母的榜样。

(6) 大人和孩子皆不能接触暴力或者不健康的游戏。

(7) 在大人监护下，孩子只能浏览规定的网站内容（列出建议浏览网站类型）。

(8) 应用电子产品奖惩条件：当日表现好的时候记一分，累积五分时，可以得到奖励，奖励内容由家长和孩子共同商定。表现好的情况如下：

①能严格执行电子产品里主要功能和辅助功能的使用要求。

②上课专心听讲，课后认真完成作业。

③能够团结同学，热心帮助他人。

④能严格遵守作息时间，自觉做好日常生活中的小事，比如划定的家务卫生区，能整理自己的床铺，能按时吃饭，能自我管理时间。

60. 该不该送孩子去补习班？

提到家长该不该让孩子上辅导班这个问题，我们经常听到的是两种声音。有赞成的：别的小孩都在补习，自己的孩子不补习，害怕赶不上课程，和别的孩子不同步，怕他落后。也有反对的：不要给孩子再上辅导班了，孩子在学校受到的压力够大了，应该让他们拥有自由支配的时间。

上述两种声音显然是把辅导班等同于文化补习班了。我觉得我们在讨论这个问题前先搞清辅导班的种类。根据目前市场情况，大体可分为文化类、艺术类、手工制作类等。其中文化类有语、数、外等，艺术类大致有音乐、美术、舞蹈、体育等。手工制作类有航模、黏土制作、手工花制作等。还有一些社会办学如理财课、情商课、推销课、自我保护课等，这些课绝大多数都要孩子走出课堂，这跟单纯的文化辅导显然不同。一些家长把辅导班等同于文化补习班，或者明知辅导班有多种类别，可眼中只见文化班，这都是不对的。当家长明白辅导班的多种类型后，才能知晓有些辅导班不仅不会增加孩子的压力，还会缓减孩子的学习压力，对孩子综合素质的提高很有帮助。

对于单纯文化课的辅导，有调查数据显示，择校、上课外辅导班，不仅不能保证孩子学习成绩优秀，反而降低孩子的学习兴趣；提前上学前班，不仅不能让孩子赢在起跑线上，而且可能给孩子带来挫败感。

很多家长都认为，让孩子早点上学，至少不让孩子输在起跑线上。因此，调查显示80%的小学生都上过学前班。

但是大数据却告诉我们，早点上学，提前抢跑，并不能让孩子赢在起跑线上。在成绩优秀的小学生中，“没上过学前班”比“上过学前班的”多10.89%，而成绩较差的小学生中，“上过学前班的”比“没上过学前班的”多10%。这就告诉我们，学前班不仅没能帮助小学生赢得任何学业优势，反而因为让孩子过早学习引发挫败感，降低孩子学习的自信心和兴趣，从而产生了学业上的倦怠和松懈。

而我主张让孩子们参加诸如情商课、财商课、逆商课的培训，如果家庭经济条件允许，提早让孩子接触这些班，对孩子将来的综合素质提高是有作用的。

家长该不该让孩子上辅导班，不是个简单的问题，是牵涉到方方面面的问题。总之在考虑这个问题时，我们要从实际出发。如果给孩子报太多的补习班，不切实际地让孩子满负荷地学习，这是不正确的。但将课外学习说得一点用也没有，是在浪费孩子的时间和家长口袋里的钱，这也是不恰当的。一概反对课外辅导就走到了另一个极端。我们应该做到尊重孩子的兴趣爱好，符合孩子成长需求，并让孩子有足够的学习和休息时间。

61. 如何协助孩子做家庭作业?

家里有孩子的父母都知道，孩子一旦进入小学，父母和孩子就要共同面对一个问题：作业。现在的作业都是靠电子产品群发式的，家长不想知道都不成。这也就形成了一个问题，很多家长面对孩子的作业，就不再淡定了。有的看着孩子完不成心疼，有的因为孩子完不成责骂，有的因为不放心孩子陪着孩子写作业。家长如何协助孩子做家庭作业呢?

（1）与老师保持联系，了解孩子家庭作业的数量，以及孩子所交作业的质量。

（2）设置一张时间表，包括开始和结束的时间。不要把时间安排在快要上床的时候，因为这时孩子可能已经困倦了。周末的作业最好安排在星期六，不要等到周日的晚上再着急写。

（3）鼓励你的孩子把家庭作业分成“我自己可以独立完成的”和“我需要帮助的”。家长应该只帮助孩子做好不能独立完成的那部分，例如听写等。这是在培养孩子的责任心和独立性。

（4）给孩子定个规矩，在完成作业之前，不容许看电视或玩耍。

（5）为孩子提供一个好的学习环境，比如光线明亮，环境安静无噪声，这有利孩子集中注意力，也有利孩子的眼睛卫生。

（6）对孩子完成作业好的表现及时表扬，注意表扬要具体、直接。比如，说：“听写20个生词，你写对了19个，比昨天有进步了。”

（7）当你的孩子正在做家庭作业时，家长最好离开这个房间，让孩子独处，不要让孩子有机会依赖家长，什么都问，要让他独立思考。

（8）当孩子的作业写完了，不要轻易给孩子改正错误，那样不会让他有深刻的印象。让孩子自己检查，如果错了自己负责。另外老师也可以根据作业的情况了解孩子的学习情况。

（9）可以帮助孩子组织一个学习小组，两三个同学一起学习，有利孩子的进步。

（10）允许孩子在写作业的过程中有片刻的休息时间。

62. 上初中的孩子厌学怎么办？

小学阶段是给孩子奠基，那么初中阶段则是决定孩子能不能学业有成的分水岭，如果初中学不好，孩子考高中则会相对吃力，持续下来，考大学的希望就会更加渺茫。而且多数孩子会在初中阶段对于较难的课程出现厌学。那么，如果家里出现了厌学的孩子，怎么办呢？我们从以下几个方面找一下影响孩子的因素。

（1）父母的教育理念。

父母的教育理念会严重影响孩子的一生。例如，简单的读书对孩子好不好？早期教育对孩子到底怎么样？孩子适合鼓励教育还是强制性的管理？对这些问题的处理。还有，父母在家里的关系。在一个家庭里面如果夫妇关系融洽，相敬如宾，一般的孩子活得也阳光，也喜欢自己的家；如果父母间的关系不好，孩子回到家里天天看到的是两个成人的你不服我，我不服你的冷战，根本没有对孩子从心理和感受上进行照顾，而只顾自己的感受，这样孩子一般都会受到不良影响。

孩子考试成绩不好，本来就担心了，这个时候家长不分青红皂白、劈头盖脸一顿臭训，什么天生不是学习的料，天生就是笨，这对孩子下的是判决书，他的一生很有可能就因为您这些话被葬送了；而孩子成绩好的时候，父母感觉孩子的前面还有强手，就说孩子努力的还是不够，还需要赶超，独步武林。这样的情况很难让孩子很好地保持自己学习的积极性，结果影响孩子的学习。

还有，如果父母过度放纵孩子，只要孩子好好学，给什么都行，结果孩子只是为物质而学，而不是专心治学，这是父母放纵孩子的表现，学习本身就是孩子自己的事情，这样做好像是为父母学习，这是极不可取的。

（2）老师对孩子的影响。

老师本身的素质和行为将会严重影响孩子的一生。老师授课风格灵不灵活，有没有较为风趣幽默的授课风格，会对孩子造成深远影响。如果一个老师本身的造诣不够的话，很多孩子将会在他的手里毁掉。他需要懂得心理学、教育学和对不同的学生采取不同的教育方法。做不到这样，而是靠老师的权威去命令学生，这对孩子将会造成很深远的影响。

（3）孩子本身的毅力。

毅力在学习上体现为对一项学习的持久性。有没有这样的能力将会在很大程度上影响孩子的学习成绩。学习本身就是一个系统的分析、实践、创新的过程。没有长久的耐性是很难取得很好的进步的！对任何事物的深入了解都必须有一个由生疏到熟悉的过程，就像锻炼我们的左手写字一样，要想有进步就必须坚持。

（4）社会大风气的驱使。

如今大家都在追求利，无论我们的媒体还是我们的家庭整天围绕着一个话题，就是赚钱，都在吹捧某个人的暴富，而忽视报道这些成功人士的辛苦和付出。成人之间权钱的斗争比起学习更有意思，让孩子过早地接触了很多他们这个年龄段不该接触的东西。这样的风气对孩子成长的影响是非常坏的。

所以，这些问题加在一个孩子身上，想一时或者一句话就让孩子不厌学是非常难的。如果遇到孩子厌学的时候，父母最好能够向专业的人士寻求帮助。孩子在初中阶段才是人生美好前景的开始，父母一定不要灰心，而要结合专家的意见努力帮助孩子顺利地突破初中这一关。

63. 如何预防孩子在放假期间养成坏习惯？

有的家长感慨，“真想让孩子一直上学，学校不放假才好。”能发出这种声音的父母一定是在孩子放假期间不能好好处理孩子的作息时间或生活习惯的。不然，怎么可能让孩子无休无止地一直学习而不放假呢？在我看来，孩子在放假期间由于无人管束，的确会形成一些坏习惯。

（1）吃睡不规律。

孩子一遇假期，最大的问题是晚睡晚起，甚至经常睡懒觉，睡到快中午才起床。更糟糕的是等到假期结束，还要恢复到早睡早起的作息规律。由于原来的生物钟已经打乱，需要一段时间调整。因此睡觉不规律成了假期坏习惯的最大根源。

对于小孩子来说，吃和睡就是最大的问题。放假在家，各种零食随手可得，尤其是在春节期间，家长对此也比较放松。据说进食过量，会加重大脑控制消化和吸收等功能神经的负担，使相邻的控制语言、记忆、思维等智力活动的神经处于抑制状态，对新事物、新知识很难产生兴趣。此外吃得太多，热能转变为脂肪，堆积在大脑组织中，导致神经网络发育不良，也会降低智力水平。

对于这种坏习惯，父母要合理安排作息时间，可以不完全按照平时的规矩来，稍稍放松一些，让孩子做平时上学不能做的事情。但这并不意味着没有规矩，而是要有寒假的“规矩”。比如睡懒觉这件事，重要的不是几点起床，而是每天都在固定的时间起床，而不是任由他想睡到几点就睡到几点。

合理的饮食跟睡懒觉的问题一样，当然可以让孩子吃一点零食，这也是生活乐趣。但最好能事先商议好一个比较合理的饮食方案，比如每天可以吃一些什么东西、吃多少，别人给零食时怎么处理等。

（2）“沉迷”电视和网络。

放假期间的孩子极有可能沉迷于电视。看电视是一件孩子常常想做而遭到父母禁止、因此发生许多冲突的事情。此外，如果孩子已经懂得上网或游戏，电子设备使用如果不加以约束后果很严重。父母要做的是共同商量电子设备使用规则，家长可以跟孩子说明经常看电视的危害性，与孩子共同商量，制定一个看电视/使用电子设备的约定。因为是孩子亲自参与制定的，他会更意愿去遵守。不要简单粗暴地打断孩子，亦步亦趋地跟在他屁股后面："不要看太久电视！""你怎么又在上网？"这样既收不到期望的效果，还可能让孩子产生逆反心理。

（3）假期作业拖拉。

不少孩子一放假，心就不在学习上了。老师布置的假期作业也丢到了一旁，等到快开学的时候，才急急忙忙地开始狂做作业。其实，这是一种很不好的习惯。

父母要与孩子共同制定学习日程表。家长与孩子一起商议好大家都能认可的日程表。可以规定每天几点到几点是学习的时间，或者每天要完成多少学习任务，并要求孩子把自己每天的学习内容按照时间顺序记录下来。

总之，在假期里，要让孩子劳逸结合，同时也要避免养成不良习惯。这样家长和孩子都可以过个愉快的假期，而在假期结束又能很快适应快节奏的学习生活。

64. 上学的孩子吵着要买手机怎么办？

有个家长提问：我是一个单亲妈妈，女儿13岁了，上小学六年级。从年前开始，她一直想要买手机，过年有了压岁钱，我只好同意了。前两天，她让我陪她去看手机。可还没出门，同学打电话来约她出去玩，女儿没打招呼就走了，直到下午五点多才回来。我说，手机店关门了，改天再去吧。女儿听了大怒，说今天不把手机买回来，她就不活了。因为同学都有手机，她没有会被看不起。然后，一边哭一边打自己，我和她姥姥怎么劝都不行。我一个人带女儿很不容易。她一点都不知道体谅我，真让我伤心。

在我看来，这位妈妈的问题并不在于孩子该不该买手机，而是对自己女儿的情绪产生了困惑。

情绪管理对于这个年龄段的孩子是很重要的问题。而单亲家庭中，孩子可能被过分关爱，更容易失控。当孩子出现过激的言行时，不能迎合孩子的情绪，否则会让她形成情绪化的思维模式。要跟孩子事先约定好，比如说话要算数、自己的事情自己负责等。有事情就按约定好的规则来处理，孩子更容易接受一些。

比如，孩子有了压岁钱，应该给孩子支配的权利。你可以跟孩子商量，打算买多少钱的、什么样的手机，然后把这件事交给孩子自己处理。告诉孩子："你决定好了，我陪你去。"要让孩子知道，自己的事情要自己做主，妈妈只是陪她、帮助她，不能代替她。因为出去玩耽误了买手机，是孩子自己的责任。13 岁的孩子应该学会管理好自己的情绪，处理自己的事情了。

另外，体谅之心不是天生的，父母需要给孩子机会去学习对家人表示关心，让孩子参与家庭事务，有事和孩子商量，有责任让孩子承担，这样孩子才可能真正长大。

65. 青春期孩子的四大需求，父母明白吗？

很多家长发出感慨，孩子们叛逆的时候让他们头疼。尤其是青春期的孩子。面对青春期的孩子，家长都会有不同程度的惶恐，甚至有的家长如临大敌。家长的反应很正常，因为青春期孩子总是憧憬成熟又留恋童年，追求完美又总有缺憾，拒绝灌输又渴望帮助。这种矛盾的心理，使得他们的行为在大人眼里是如此荒唐和无聊，而对孩子来说，意义却十分重大。家长因为不了解孩子，对孩子横加约束，这使得家长与孩子矛盾重重，冲突不断升级。所以，家长要了解青春期孩子的需求。

（1）合理的物质需求。

物质需求是生活永恒的主题，孩子进入青春期以后，表面上还是在服装、零食、玩具及文具等方面有所需求，实质上需求却在悄然变化。刚刚进入青春期，追求个性化的孩子较少，更多是要求自己从众。从众让自己有安全感，融入同学的圈子里，不显山显水。随着年龄的增长，熟悉了周围的环境，了解了同学、朋友的个性，孩子们开始彰显个性，暗暗地在群体里比高低。这种比较有积极的意义，孩子获得了经验，给自己在群体中定了位。如果一个女孩子，初一时拒绝穿粉色的衣服，一两年后，她又坚决要一条粉色围巾，您真的别奇怪，这是孩子从要求长大走向要求成熟。拒绝粉色因为要拒绝幼稚，接受粉色，是表现自己再走向个性独立，走向成熟。

家长在合理满足孩子物质需求的零花钱时，也要防范孩子物质需求膨胀造成的恶果，家长要学会判断孩子的需求是否正常。孩子正常需求的标准主要从两个方面看：一个是取同班同学物质需求的平均数或平均数的中下等。另一个是看家里的经济状况。如果您家里的经济状况中等或比较好，应该让孩子的生活水平高一些比较好。如果您的经济状况不太好，那么，您千万不要因为怕孩子受委屈而硬要让孩子去享受高消费，这种死要面子活受罪的做法，不但不会让孩子自信起来，而且容易使孩子不考虑家长的经济能力而变得变本加厉。

（2）朋友的交往需求。

青春期之前，孩子依赖的是家长，进入青春期开始转移到朋友身上，到青春期后期，转移到异性朋友身上，这是人类成长的必经之路，是我们没有办法抗拒的自然规律。

孩子开始交朋友，为了朋友，他们可以在学校门口等，可以和同学一起去逛街、去网吧。为朋友可以留在学校打篮球，甚至是去打架，不在乎回家晚了家长的脸色，即使招来家长打骂也依然如此。是什么力量让孩子们铤而走险呢？这是孩子的心理需求问题。

孩子们思想不再单纯，这连他们自己都感觉得到，他们有时浮想联翩，有时忧心忡忡，有时大喜大悲。这些感情，不适合和家长分享，因为家长马上会紧张和忧虑，批评教育必不可少，跟踪监视接踵而至，所以，家长不是孩子吐露心声的选择，而最好、最安全的是身边的朋友。

要让孩子信任你，愿意和你说出他遇到的所有问题。这就要求家长学会倾听，不要急于批评和指正。听孩子诉说，也是给孩子宣泄的机会，减轻孩子心里的负担。家长听后，找机会给孩子提出建议，久而久之，家长和孩子成为最值得相互信赖的朋友。

家长支持孩子交友，同时提出具体而简单的底线要求。比如，带你做坏事的人不能做朋友；很自私的人不能做朋友；自以为是的人不能做朋友……另外，孩子们往往认为朋友是永恒的，要告诉孩子不一定是这样，朋友之间的关系时常会发生变化，也有可能会断交，要有心理准备。总之，您要成为孩子需要的朋友。

（3）对异性关注的需求。

孩子进入青春期，与异性接触时有了微妙的变化。他们开始悄悄地关注异性。关注往往只是停留在外表上。比如女生关注帅气高大的男孩。女孩子们在一起对男孩评头论足，有一些新鲜和刺激的感觉。男孩子也注意女孩子，偶尔也会在一起用调侃的方式谈论某些女生，即使喜欢，他们也知道自己在想入非非。也有孩子谈恋爱，这些“爱情”往往以误会开始，以压力开始，以亲情的失落开始。青春期，是恋爱的前奏，是步入爱情的序曲，孩子们恋爱是必然，而家长希望孩子们晚一些，再晚一些，怎么才能做到呢?

家长不要促成孩子将错就错地从误会、误解开始“爱情”。家长捕风捉影的批评、不信任的盘查、偷偷窥探孩子的隐私、忧心忡忡唠叨提醒，让孩子烦躁，加重其逆反心理。

青春期的孩子，关注异性之初，会在家长面前提到某个异性。您千万不要大惊小怪，责备孩子心思不放在学习上，也不能掉以轻心。而是要耐心地听孩子把话说完，然后询问一下情况，再想办法引导孩子，等想好了，有了办法再说不迟。这样做的好处是：一是孩子知道此类事是可以和家长讲的，家长不会批评，以后遇到这方面的困惑，他就会向家长寻求帮助，这样家长就对孩子有了了解和帮助的机会。二是孩子明白，从家长那里讨来的主意，总比向同学讨教或者自己琢磨出来的办法要好一些，只要家长不把孩子吓跑，孩子还会来求助。在孩子成长过程中，家长可以使上劲，是对孩子的健康成长有利的好事情。

（4）获得帮助的需求。

在与同学和朋友的交往中，很多事情让他们觉得难办。孩子不知道如何与新同学、新老师打交道；不知道如何控制自己的情绪，与老师、同学时常发生冲突；被批评了，却不知道自己做错了什么，如何和老师沟通。他们需要帮助。

孩子们活动范围越来越大，很多时候会遇到不顺心、被冤枉、被欺负的事情。事情突然发生了，然后就那样结束了，留下的只有懊恼、不平、羞辱，却没有机会还击、发泄，甚至没有地方讲理去，像哑巴吃黄连，有苦说不出。这时候，孩子们需要帮助。

家长很愿意帮助孩子。孩子却不是什么人的帮助都接受。孩子获得帮助有前提条件，必须是他信任的人。在学习上，孩子们需要懂得自己学科知识的、值得信任的人帮助。在人生观上，他们需要有才华，令他信服的人帮助。在需要鼓励支持的时候，他们也要求是自己喜欢、需要的人。

获得家长的帮助，对于孩子来说应该是最方便、最直接、最安全的。但是，据我们了解，孩子的年龄越大，拒绝家长帮助的越多。经验告诉他们，成人是不可靠的。所以家长要注意，孩子在长大，他们需要的是平等（不是居高临下的、命令的）、有效（可操作的、解决问题的）、具体（不是空话）的帮助。

66. 如何培养孩子勇敢自信的特质？

我收到家长提问，家长表示对如何培养孩子的勇敢、自信很困惑，总觉得自己家的孩子有些胆小，而且做什么事都不是特别自信。对此问题，我查了一些资料，希望对各位家长有所帮助。

每个孩子都有自己的特质，父母要用心去观察和发现自己家孩子的特质，尽量挖掘出孩子的特长，通过发展这些特长，孩子很容易解决他面临的问题。从而能够建立自信。在自信的基础上孩子就会勇敢和坚强。

美国的教育就是从培养幼儿自尊和自信开始来培养其良好的心理素质的。我国的人给人一种谦虚、中规中矩的感觉，而美国小孩总是一副阳光、自信、勇敢的样子。

因为从孩子们出生开始，美国的许多父母就会有意识地告诉孩子：无论你是高矮胖瘦，是健康或者疾病，聪明还是笨拙，你都是我们的最爱，最独特的孩子，我们都会永远爱你。美国的老师和父母都明白这个道理：孩子不是完美的，我们的任务就是发现孩子身上的闪光点而不是阴影，只有这样孩子才能被激发出自信和勇敢的特质。

一个孩子也许数学不太好，但他的阅读能力很强，会写优美的文章，能准确地表达自己的思想；也许他文化课学不好，但是特别具有体育方面的才能；也许他没有什么特长，但是人缘特别好……世界上没有一个模子刻出来的孩子，父母和老师要做的，就是要帮助孩子们找到自己擅长的事，确立他们的自信，而不是抓住他们的短处，打击他们的自信。然而很多时候，我们中国的一些家长和老师却忽视了寻找孩子身上闪光点的重要性。

所以，一个孩子的勇敢、自信的特征一定是来自父母平时对其身上闪光点的发现和培养，并用爱的语言不停鼓励出来的。

67. 当孩子说“别人家好有钱”，你怎么说？

当孩子和家长聊到“同学有昂贵的玩具，别人家很有钱，为什么自己家没有”的时候，很多家长会不知所措。有的家长会告诉孩子人家有钱，但我们家没有，所以你要节俭、不要攀比。我们想教会孩子体谅父母，这很好，但更重要的是，我们应该教会孩子拥有自信和远大的目标，通过自己的双手去创造，这样才能过上自己想要的生活。

我们的一个家长学员是这样分享她应对孩子提问的：

她的孩子参加了亲子夏令营后，回来对妈妈说：“妈妈，别人家好有钱呀！好多同学带 iPhone 7（苹果手机）和 iPad（平板电脑）。”

妈妈淡淡地说：“宝贝，你也会有的。”

孩子疑惑地看着妈妈，妈妈坚定地点点头：“一定会的，只要你努力。”孩子似懂非懂若有所思地点了点头，就去看课外书了。

碰到这样的情况，有的家长可能会对孩子说：“宝贝，我们没别人有钱，不要大手大脚乱花钱，你知道爸爸妈妈挣钱多辛苦吗？所以你要懂事，不要和别人攀比。”

在儿子很小的时候，我也这么说过，但后来看了一些陈武民老师的教育书，上了陈老师“父母教练”的课程，我改变了思维方式和方法。

这位妈妈的分享很精彩，这也是我想跟大家说的，教孩子节俭、不攀比、体谅父母非常好，但更重要的是，我们应该教他们拥有自信和远大的目标，学习如何改变命运，通过自己的双手去创造，过上自己想要的生活。一个着眼现状，一个放眼未来。既要把握现在，也要胸怀大局，开拓进取。

对于钱的问题，我还有一个提法。很多孩子都盼望着在春节期间收到长辈们的压岁钱，这无可厚非，长辈们给小辈压岁钱意味着对孩子的关爱和美好未来的期望。但我认为，假如父母能在压岁钱这件事上，教给孩子给爷爷奶奶，姥姥姥爷发红包，将是更大的财富。因为，孩子从接过父母手里的红包递给爷爷奶奶或外公外婆的那刻，就会懂得，这是父母对于长辈的孝敬和爱，不用言传，身教让孩子学会了，不是小辈一定要收长辈的红包，小辈是要反哺，给长辈发红包的。简单的一个理念，就能让孩子未来不做“啃老族”。因为孩子学会了感恩和付出。

一个孩子在钱上能做到自如，将来还有什么能让他屈服的呢？

68. 你都在混，孩子凭什么努力？

有人说，孩子是父母的最后一张牌，赢了可以光宗耀祖，输了则会前功尽弃。所以，每个父母都希望孩子能够拼出个锦绣前程。可是，如果你都在混，孩子凭什么拼？

孩子是“复印件”，你就是“原件”。

有一位年轻的妈妈请教沉寂法师："我的小孩不听话也不爱学习，怎么办?"法师反问："你复印过文件吗？如果复印件上面有错字，是改复印件还是原件?"道理并不深奥，却是父母常常疏于自醒的问题。

都说三流的父母当保姆，二流的父母当教练，一流的父母当榜样。你若穿着拖鞋逛大街，你若旁若无人地高声喧哗，你若从不读书从不看报，你若总是抱怨生活、嗟叹人生，如何苛求孩子完美无瑕?

别奢望坐等花开。

养育孩子是个种因得果的事儿，别妄想"小投入，大产出"，没有父母可以坐享其成。你在打麻将，却让一墙之隔的孩子"两耳不闻窗外事，一心只读圣贤书"，想得倒美！就像养花，不施肥浇水就想坐等花开，那是撞大运。别总说谁谁谁没人管，照样长成参天大树，不是每个父母都有这样的运气。

也莫要说你不懂浇灌滋养，我们都知道"孟母三迁"，你可曾为了孩子思变图新？我们读过《傅雷家书》，你可曾有一封信是写给孩子的?

孩子凭什么帮你弥补人生。

有的父母爱把人生未完成的梦想寄托在孩子身上，总是苦口婆心："孩子啊，爸妈这辈子只能这样了，就指望你有点出息。"你从小没拉上提琴，就让女儿帮你实现梦想；你一生没当上球星，就让儿子帮你完成夙愿。这都是孩子不可承受之重啊，儿女又不是来还债的，凭什么帮你弥补人生?

今生今世，每个人都有自己的使命，谁也无法拜托谁。

你才是照亮孩子的光。

其实，父母才是照亮孩子一生的光，你若黯淡，孩子又怎会熠熠生辉？老布什的领袖范儿，就是小布什的光；六龄童的猴戏情结，就是六小龄童的光。

我曾有个学生，他的父亲每日酗酒，母亲以打牌为业，从不过问他的课业，等到他成绩下滑，他们就暴跳如雷，从不自省。他的父母不懂，要让孩子的世界明亮，父母先要有光！

69. 想让孩子赢，输得起吗？

家长们都希望孩子将来是成功人士，但可能没有多少家长知道，成功人士有一个共同的特质，那就是“输得起”，而现在的教育理念往往给孩子灌输的却是“不能输”的理念。其实，比起输赢，更重要的是要培养孩子拥有强大的内心。

现在的孩子有哪些特性？现在的家庭理念究竟要培养什么人？只有架构一个好的家庭教育理念，理解孩子，才能找准“这艘船”的航向。其实，只有家长自己真正明白什么才是过得好，培养孩子才是有方向的。

现在的孩子，大部分的竞争感和压力来自家庭的价值观，父母认为孩子“不能输”，孩子从内心深处就觉得自己“输不起”，因为孩子情感负担太重。大部分孩子是家里的“独苗苗”，集万千宠爱于一身，基本每一个孩子身边，都围绕着6个满怀期盼的长辈，这让孩子感觉到巨大的情感负担。这很可能就因为身上的负担太重，而让孩子产生“破罐子破摔”的念头：我报答不了你们的恩情，你们也不要在我身上倾注太多的期望。

现在的孩子压力空前大。孩子会感受到很多焦虑的情绪，这种情绪可能来自老师，也可能来自家长。从小学开始，老师就显得很焦虑，他们既是应试教育的执行者，也是受害者，这样的老师嘴上念叨的永远是考试，传达给孩子的情绪永远是焦虑的。而孩子回到家，家长如果比老师还要焦虑，这样永远沉浸在别人焦虑情绪中的孩子会是止步不前的。因此，作为家长，要告诉孩子，父母的幸福不是你给的，我们抚养你长大是天经地义的，并不是等价交换，幸福是自己人生的主观体验。

孩子过得好，三个基本标准可参考。

每个家长都希望自己的孩子过得好。过得好的标准有哪些？是钱多、地位高，还是名气大？在我看来，一个人过得好，首先，应该没有什么大的慢性病，身体健康是过得好的最起码的标准。其次，收入不能低于社会平均水平。如果你的孩子收入只有社会平均水平，但是他做了自己非常喜欢的事，内心很安静且满足，自得其乐，这就是过得好。这是你从小灌输给他的成功教育。最后，他将来要有内心的愉悦感，不仅来自他人的评价。我们有多少人努力奋斗的动力都是“他人的眼睛”，是为了他人怎么欣赏自己而拼命努力。如果得不到他人的欣赏，就会垮掉。所以如果你培育出来的孩子，对自己很确认，知道自己要什么东西，他的努力不是来自别人怎么欣赏他，而是知道自己所求，他愿意做这件事，努力达到高峰，不是为了别人。这样的人，他不会感到太多外界的逼迫，内心是强大的，这种人他是过得好的，家长要有这样的意识。

想让孩子赢，先得告诉孩子“咱也输得起”。

我们培育出来的人，要拥有强大的内心。你培育出来的孩子，将来要有终生学习的愿望，从小养成阅读习惯，这个是非常重要的。一生学习不辍的人，这个人的人生是充实的，饱满的。

70. 如何理解先有夫妻关系后有亲子关系?

在一个家里，人们普遍会陷入一个误区，注重亲子关系超越了夫妻关系。殊不知，亲子关系是一个伪命题，夫妻关系才是影响亲子关系的重要关系。

中国的夫妻，很多在结婚三五年后，剩下的基本就是亲情了。爸爸对孩子的妈妈，有时候漠不关心，有时候发泄情绪毫不留情。也有一部分妈妈，孩子才是一切，在家庭排名上，往往把孩子放在首位，丈夫放在了其次。其实孩子看在眼里，记在心头，吸收在潜意识中，未来很有可能在他的异性交往以及婚姻生活中就会情景重现。

有一对来找我咨询的夫妻。妻子始终很强势，数落丈夫的不是，而丈夫则压抑着情绪沉默对抗。其实丈夫在金融行业做得不错，一个月几万元的收入，但是妻子还是不满足。后来跟这位先生沟通之后发现，他的爸爸在家里和她妈妈就是这种模式。原来是他在无意识状态下就把这种爱的模式迁移到他的婚姻生活中。

在家庭关系中，夫妻关系一定要大于亲子关系，当我们高喊着一切为了孩子的时候，先修正夫妻关系，才是对孩子真正的好。

就情感来说，亲子情和夫妻情确实难有高下之分，另一半和孩子都是自己生命中最重要的人。有人说，孩子只能陪你二十多年，而另一半却会陪你一辈子。这个说法是有一定的道理，但并不是因为这样，夫妻情就应理所当然超越亲子情。如同多子女的母亲，对于孩子的感情并非平分而都是100%的爱一样，亲子情和夫妻情都应被同等重视。

但是，对于孩子的教育而言，放错重点的爱有害无益，夫妻关系应该摆在亲子关系之前。首先，父母之间感情深厚，彼此深爱，这样幸福的家庭关系会给孩子带来安全感，对孩子的成长非常有利；其次，父母之间的相处方式和关系，会对孩子未来的婚姻观和家庭观产生深刻的影响，牢固的父母感情对于孩子是非常正面积极的示范，有助于孩子未来婚姻幸福；最后，夫妻关系在亲子关系之前，这样的家庭氛围不是以孩子为中心，有助于孩子培养正常的心态，摆正自己的位置，不会太自我。

所以，爱孩子先从爱伴侣开始，爱伴侣先从爱自己开始。真正的爱自己就是会自省，会换位，在深耕了夫妻关系的同时，才能经营好一个家，才能给孩子更好的爱和滋养。在孩子的教育上才会不教而教。

71. 如何经营夫妻关系，提升幸福指数？

夫妻之间该如何拥有一段稳定而长久的爱情关系呢？又该如何经营那长久的“柴米油盐酱醋茶”的婚姻生活？我给出的幸福爱情建议是，永远记住：夫妇有别，各安其位。

现代社会中出现的混乱，来自没有唤醒大家心中的善，这是普世价值观。为什么古代有孔子、孟子，是因为他有一个好母亲。教育孩子是无量功德，教育好孩子了，家庭和睦了，社会就和谐了。

夫妻相处，德行非常重要，“德者，本也”。夫妇有别，强调的是夫义妇顺、夫义妇德。

“夫义”就是男子怎么样才能展现一种道义、恩义、情义的态度。

男人是一家的天。男为天、女为地。天行健，君子以自强不息；地势坤，君子以厚德载物。父亲有承担、不埋怨、不退缩、不消极，孩子怎么会做不好？

女人都是一家的地。是国之母，家之妇，人之妻。古语，天下的安危，女人操持一大半。所以女人能做到“上行下孝”，上孝公婆和搞好亲戚关系，下能够教育好孩子，面对丈夫，有助夫成德的态度。

夫妻双方由于生活环境、文化背景及价值观的不同，在处理问题的方式上也有很大不同，夫妻双方都不应该抱着“改变对方”的心态来生活，而应用欣赏和理解的眼光去对待对方。夫妻双方要接受对方与自己的不同，不要一味地改变对方，有时拼命想要去改变老公不如改变自己。

任何一个家庭出现问题绝不是一个人的问题，而是双方沟通存在一定障碍。正常的婚姻都会经历焦虑和分裂的过程而至成熟，所以出现问题不是坏事，夫妻双方此时冷静分析，反而会让坏事变成好事。但双方不应以不愉快的行为来回应对方，这样会导致恶性循环，人们在不良的关系中会表现出很差的解决问题的技巧。遇到家庭矛盾时最好站在对方的立场上考虑，结果一定会向好的一面发展。

夫妻双方相处时最好将对方视作彼此最好的朋友，而也有调查表明像朋友一样的夫妇幸福指数更高。因为，朋友通常都是志同道合的人，即大家对事物的看法类似，价值观相似。而价值观的问题，没有对错，只有差异。夫妻双方在遇到问题后更要多沟通、多理解、多用心，这样才能让婚姻长长久久。

72. 夫妻有三等，你们属于哪一等？

我接触过一些家长，也了解过他们之间的感情纷争。那些来咨询亲子问题的家长，首先我会问他们的婚姻问题。80% 亲子关系出了问题的根源一定是夫妻关系有了问题。不是妻子太强悍，太能抱怨，就是丈夫大男子主义，太不体谅。而相反，那些孩子上进好学，懂事有教养的家庭，大部分背后都有一对关系和谐的父母。所以，我跟他们说，夫妻是有等级的，好的夫妻关系衍生好的亲子关系，反之亦然。

夫妻有三等，看看自己属于哪一等？

上等的丈夫，回家帮助妻子料理家务。丈夫想到妻子忙于工作，还要忙于家务，必定辛苦，下班回到家里，会体恤妻子的辛劳，协助妻子操持家事。这样的丈夫，必定是上等的好丈夫。

中等的丈夫，回家喝茶看报，赞美妻子。不会帮忙做家事的丈夫，回到家里，虽然喝茶看报纸，至少嘴巴还会赞美妻子，感谢妻子的付出。如此，妻子再怎么辛苦，也能甘之如饴。

下等的丈夫，回家气势凌人，嫌东嫌西。下等的丈夫，回到家里，就是一副自己最辛苦、自以为对家庭付出最多。要么嫌妻子菜煮得不好，要么嫌妻子不会打扮，看不顺眼，气势凌人。

上等的妻子，治家整洁，贤惠有礼。俗语说：“家有良妻，如国有良相。”一位贤良妻子能开源节流，将家打理妥当，维护环境整洁，态度温敬柔软，周到体贴，慈孝和顺，让丈夫无后顾之忧。

中等的妻子，慰问、赞美丈夫的辛劳。莎士比亚说：“一个好妻子，除了处理家务外，还兼有慈母、良伴、恋人三种身份。”所以，治家能力差一点的妻子，至少要能多说好话，要常常慰问、赞美丈夫的辛劳与付出。

下等的妻子，唠叨不休，刻薄自私。下等的妻子，不但不善于治家，丈夫辛苦一天回到家时她还会喋喋不休，要么嫌弃他的职业赚钱太少，要么埋怨住得不好、穿得不暖，如此只会让丈夫觉得家如监狱。

很多失败的婚姻都是因为不能谅解对方的辛劳，不能体会对方的付出。所以，夫妇之道从互相欣赏、互相体谅开始，遇到困难险阻时能互助斩荆、共离困境，婚姻才能美满。

73. 如何处理好婆媳关系？

婆媳关系是中国的所有关系中最微妙、最矛盾、最难相处的一种关系。因为，是两个女人和一个男人，三个人的一台戏。唱好了，圆满收场；唱不好，三败俱伤。

俗话说：“婆媳亲，全家和。”这话有双重含义。其一是说婆媳关系融洽与否直接影响着整个家庭中其他人际关系，如夫妻关系、亲子关系、兄弟姐妹关系以及祖孙关系。其二是指婆媳关系是家庭内部人际关系中最微妙、最难处的一种关系。

婆媳关系可以说是中国家庭内部人际关系中的一个传统难题。在漫长的封建社会中，婆媳关系是一种不平等的人际关系，媳妇必须俯首听命于婆母，没有独立、平等的人格尊严。现代家庭中媳妇有独立的社会政治经济地位，婆媳关系已基本成了一种平等的人际关系；但是也应看到，即使在今天，相处融洽的婆媳关系也并不十分普遍。那么，究竟是什么因素导致婆媳关系如此难以相处？中年人应怎样科学地处理好婆媳关系？

（1）在婆婆面前多称赞老公，不要指使老公。

尤其对于只有独生子的婆婆来说，只有一个儿子，对儿子的期望非常高，希望日后儿子可以好好地孝敬自己。这样的婆婆有很多，她们认为儿子就是为了防老的，传统观念在她们的思想里已经根深蒂固，儿子就是他们的宝，自然就想让你把她儿子也当成宝，所以经常会产生摩擦。媳妇当着婆婆的面教训自己的老公，让老公做点什么事情，这样婆婆会心里不舒服，认为自己的宝贝儿子被儿媳妇指使干这干那。所以聪明的儿媳妇会尽量在婆婆面前称赞丈夫，而不是指使丈夫，这样婆婆高兴，自己也就容易和婆婆相处了。

（2）多孝敬婆婆是应该的。

虽然婆婆没有养你，但是她养了你的丈夫，所以你既然爱丈夫，就要理解儿子对母亲的心情，就要和他一起尊敬他的妈妈，你也有父母，如果你的老公和你父母顶嘴，漠视，你会高兴吗？所以多给婆婆点笑脸，多陪她聊聊天。你对他的妈妈好，他自然也会对你的妈妈好。

（3）对婆婆的期望不要过高。

对婆婆的期望越大失望越大，因为儿媳妇在嫁入这个家庭之前，是跟人家原生家庭没有任何关系的，就相当于“生生入侵”。在互相不太熟悉的过程中慢慢磨合，所以，永远不要期望婆婆像妈一样。因为没有血缘，不会有那么多的疼惜和不舍。不期望也就不失望。

（4）不要拿婆婆和妈做比较。

婆婆对自己的女儿、儿子比对媳妇好，那是天性，没有必要嫉妒。婆婆对别的妯娌好，媳妇也可以理解，因为人都有莫名其妙就看顺眼的人，这很正常。婆婆对丈夫的兄弟好，那更可以理解，那是你老公的问题不关你的事。不要拿婆婆和妈做比较，女儿是自己的妈妈身上掉下的肉，能没有感情吗？婆婆是丈夫的妈妈，因为丈夫的关系大家才认识，就算婆婆是媳妇的妈妈，那也是“后妈”，碰到好的“后妈”的比例实在太低，不要奢望。

（5）在婆婆面前不要过分亲热。

很早就看过这个对媳妇的忠告了。虽然你觉得你们习惯了这种沟通方式，但是老人毕竟是老人，她们有着传统的思想，这就像在外人面前一样，和丈夫过分亲热也是对别人的一种不尊重，你说，这是你的家，你愿意怎样就怎样，这没错，但是家里住了老人，这方面还是应该要注意的。

（6）不要试图和婆婆争儿子。

婆婆，对于儿子的占有欲更强，她辛辛苦苦把儿子养大，非常强势，儿子就是她的整个世界，所以媳妇不能表现出来要和她争儿子。婆婆对于儿媳妇的到来，本来就有点介意，而此时的丈夫一般对于婆婆会很顺从，毕竟母亲辛苦把自己养大，所以要好好地处理好婆媳关系，要是处理不好就会矛盾重重。

（7）不要和婆婆斤斤计较。

婆婆那个年纪的人，一般都读书少，对于一些小事情爱斤斤计较，她们会很容易因为生活中的一些小事情就争吵，如果你也跟着吵，婆婆就会记住你的不好，这就会成为以后的把柄，留待日后再来火上加油。毕竟婆婆是长辈，妻子最好不要和婆婆吵，虽然婆婆需要教育，不过应该换一种方式，妻子可以通过实际行动让婆婆知道自己的立场，让她知道她确实不对，这样她才会尊重你，友善地看待你们的关系。

74. 什么样的女人嫁给谁都幸福？

央视采访阿里巴巴的创始人马云，现场有一位女观众说，像你这样的男人，女人怎么驾驭得了？马云很智慧，大致是这样说的，一个女人最大的智慧不是驾驭男人，而是被男人驾驭。

如果没有全然聆听这句话的背后智慧，你有可能会片面解读。

当你想到驾驭的时候，内心生发出的就是控制。当你想到被驾驭，内心就是顺应。顺应是一种“化”，如同太极的招式，看似顺应、接纳、柔弱，却能化掉对方的一切攻击。想一想，控制和顺应，哪一种更轻松呢?

所以，从今天开始，不是想方设法去驾驭丈夫，而是享受被驾驭的感觉。因为一个女人只有成为女人的那一刻，才会享受绽放。

分享一个智慧女人的故事。

晓玉是一个35岁的女人，中等姿色，学历也不高，却嫁了个气宇轩昂的好老公，他是硕士，后来做家具生意发了家，结婚10年，有一个女儿。

晓玉嫁给老公的时候，他还是大学里年轻的讲师，站在讲台上激情飞扬讲成功励志和创业，台下的女生们多数是冲着英俊老师来的，晓玉则全身心地投入和迷恋这份感情，那时候她当然不会去考虑台上气质非凡的男人名下只有一间20平方米的筒子楼宿舍。

他们婚后的现状虽然不尽如人意，但如胶似漆的爱情可以弥补一切。小两口一起在公共用水间洗衣服，一人一头拧床单；在烟熏火燎的楼道里做饭，饭后老公陪着她边洗碗边聊天；周末手拉手去看场电影或是回婆家吃顿饭。晓玉觉得小日子虽然清贫，但一样幸福甜蜜，她把眼光从简陋的家、朴素的衣裳、自己光秃秃的脖子和手指上移开，每月精打细算地捂着手中不多的钱把日子过好，晓玉做得一手好菜，老公最爱喝她熬的汤，看到老公简单满足的微笑，她觉得，这就是幸福。

晓玉怀上孩子的时候，老公的事业刚起步，天天周旋于客户和朋友间，请客吃饭，陪酒，陪玩，每晚不到深更半夜回不了家。晓玉非常难过，面前的男人虽然还是熟悉的面孔，却好像完全换了一个灵魂。他没时间对着大肚子的老婆嘘寒问暖，没精力回应老婆的温存关切，在生活的残酷考验下，他还原了男人爱事业不爱美人的本质，简直就是一个工作狂。晓玉哭着告诉自己的姐姐：他给不了我想要的幸福，我想离婚。大姐缄默，只说了一句话：有一种女人，不管她嫁的是建筑工人还是国会议员，她都有能力让自己过得幸福。没错，女人的幸福，为什么要靠男人给呢？每个女人，都应该有让自己、让家庭幸福的能力。

大着肚子的晓玉向父母求援，请妈妈过来帮忙买菜做饭，照顾这个自己无力兼顾的小家。她强迫自己不去想烦心的事情，每天吃好睡好，安心养胎；她不再等老公夜归，不再像以前那样每天缠着他问长问短，不再拿鸡毛蒜皮的小事去烦他；在他偶尔有空的时候让他挽着自己散步，彼此取笑着对方为孩子取名字。也怪了，一天天平静安稳地过去，原本觉得天昏地暗的生活，渐渐变得阳光灿烂起来。

女儿快3岁了，他们搬了新家。钱都花在房款上了，晓玉雇了个油漆匠把墙一刷，购置了简单的家具，就这样凑合着先搬进去了。老公每天回家都能看到一点点新的变化：客厅里别致的灯罩是用硬纸壳蒙上米色暗红碎花图案的棉布做的；自己到海南出差带回来的椰子，吃剩的硬壳被巧妙改造成了造型可爱的储物罐；卷筒纸用完了，晓玉给筒芯细致地裹上了一层米白色亚麻细布，教女儿用蜡笔涂鸦，画出五彩的虹、绿的树、蓝色的河流、金色的太阳公公，这样一个小笔筒摆在书桌上，做爸爸的每次看到心里都暖洋洋的。一个原本平凡的空间在小玉手里渐渐改头换面，一天比一天丰富，一天比一天有情趣。

晓玉在老公回家的时候，给他送上舒服的拖鞋；在他起床洗漱的时候，提前给他挤好牙膏。她对烹调的兴趣越发浓厚，时不时来些新奇的花样。比如把香蕉切成小块，浇上酸奶，然后裹上全麦饼干屑。种种小创意让在外面吃惯了大鱼大肉的老公回到家来就会忍不住多添一碗饭，赞一句，还是家里的菜好吃。晓玉把周末的时间精心策划起来，老公有空的时候，带上孩子，开车到附近的农家乐，踏青，看红叶，老公没空陪她，她就自己带着女儿去儿童乐园，或是看最新上映的动画大片。每次娘儿俩都开心地手牵手回家，女儿欢声笑语，晓玉红光满面。

在丈夫眼里，这样的太太就是家里那盏最温暖的光，时刻带给家光明和爱。

所以，一个家幸福或不幸福，80%以上取决于女主人。有能力让自己幸福，有能力给男人幸福，才是聪明的好女人。一个具备幸福力的女人，一定是有“德”的女人。

古代特别重视妇女的德行，只不过在现代社会曲解了很多内容。例如“三从四德”。四德，指的是妇德、妇言、妇容、妇功。

妇德：女人应该贤惠、内心厚道。不应该当着孩子的面去斤斤计较、得理不饶人等。孩子小时候母亲不经意间的一个举动会让孩子受到很大的影响。

妇言：一个母亲，经常言语很大声，常常跟家人起冲突，或是当着孩子的面，数落老人的不是。儿女从小看到母亲这么彪悍，口气又不好，好像跟训人一样。慢慢地，孩子长大后，就会和母亲一个口吻说话，所以有其母必有其子。如果母亲言语柔和、非常宽容、谦让，孩子就会受到感染和影响。一个家庭的风气，女人要操持大半。一个家庭的安定，女人的作用也是超过男人，所以妇要有妇德，妇要有好的言语。

妇容：女人的容貌。长得如何是先天而成，但是是不是整洁、端庄对孩子的影响就很大。如果经常不修边幅，不重视外在的容貌，也无法给丈夫一个好印象，给孩子一个好印象。

妇功：指纺织、刺绣、缝纫等。

75. 如何在孩子面前优雅地秀恩爱？

夫妻恩爱对促进家庭和谐的重要性不言而喻，由于东方文化的含蓄，中国家庭中夫妻常会觉得在孩子面前表达爱意有些尴尬，但其实，孩子在成长过程中，爸爸妈妈健康的爱情观、良好的情感表达方式、沟通模式和处理矛盾的方式，都会对他今后产生积极的影响。同时，爸妈恩爱的一幅幅画面也会留在孩子的心中，滋养他的情感，温暖他的内心。所以，有爱就表达出来吧！

有一个学校对孩子们做调查，“谁见过父母在家抱抱、亲亲呢？”大部分的孩子说没有见过，还有孩子说，“我爸妈才不抱抱，总是吵架”。还有孩子说“爸妈亲亲，那多不好意思呀”。

这就是我们中国父母在孩子面前树立的两性形象。

假设一下，如果一个孩子每天目睹的是父母深情相拥，早晨在美好的气氛中互说再见，晚上回家看到父母贴贴脸，彼此亲一亲，这样的场面孩子一定不会觉得不好意思，而是会觉得爸爸妈妈相亲相爱，家是温暖又充满安全感的。这样的画面会定格在孩子的头脑里，留在孩子的记忆里，孩子就会学会两性相处是这样的模式。拥抱和亲吻是相爱的表现。而不会对于电视里一个亲吻的镜头，表现出不好意思或者是羞于直视，再或者是对于这种遮遮掩掩的东西产生好奇和窥探欲。当然，父母的恩爱要秀得“优雅得体”，不能超出合乎理法的“度”。

网上有个帖子，就是写作者自己是如何在父母“秀恩爱”状态下成长的。在她看来，父母的那种爱，给了她强大的安全感。爸爸妈妈的相爱，并没有让孩子觉得自己爱少了，而是觉得爱多了。她说：

自我记事起，几乎每天傍晚爸妈都会一起在厨房忙活晚饭（除非真的有推不掉的应酬）。有一次做晚饭，两人唱着《甜蜜蜜》，拿着锅铲的爸回头与端着盘子的妈深情对望了一眼，恰巧当时夕阳透过窗户洒进来，简直浪漫极了，那画面我永远都不会忘。

我爸妈在不同的单位上班，在工作日我爸一天会打两个电话给我妈，中午一个，下班前一个。中午讨论的问题是，你今天吃什么菜呀，我吃了什么什么。下午讨论的问题是，我们晚上吃什么菜呀，我想吃什么什么。

之前微博上一个话题是怀孕难产保大人还是保孩子，我背着我妈问我爸，我爸毫不犹豫地说："当然是保我媳妇啊，当时我又不认识你……"

爸妈都不太会用 QQ，我帮他们申请完后，随便取了个名字，之后再加上的时候，一个叫大太阳，一个叫小地球。

有一天，我和我妈一边吃零食一边在电脑前追剧。我爸过来，看到我在吃零食，张嘴就说："吃吃吃，又要成胖子了……"还比较凶。我不服，说："我妈也在吃啊！"我爸居然来了句，"你妈胖她已经有人要了！你呢？"

在我看来这就是最优雅最美好的秀恩爱方式，父母如果都能时不时智慧地在孩子面前秀秀恩爱，那么留在孩子心里的一定是最美好的画面。

76. 什么样的妈妈男孩最需要？

曾经有人说，如果你是一位男孩的妈妈，你脚下的路将会很漫长。我的理解是：男孩子将来面对的社会竞争和压力会更大，这就会促使男孩在整个成长过程中要有更多的能力和担当。这间接地就会对于培养他的人提出更高的要求。而妈妈作为孩子主要的养育人，又和男孩有着性别上的不同，在处理孩子的情绪和问题时，就要更多一层思考。

那么，什么样的妈妈才是男孩最需要的呢？

（1）鼓励型的妈妈。

常言道，鼓励能让懦夫变金刚。男孩尤其需要鼓励，妈妈的鼓励不像爸爸的强硬，而是带着温柔的内涵，男孩接受起来更容易。妈妈要多鼓励他擅长的，少在意他不擅长的，这样他就会变得自信。即使孩子有薄弱之处，妈妈要用智慧去给予真实的反馈，而不是打击或挖苦。母亲给他温暖的关怀、回应、拥抱、赞同和鼓励，让其拥有充足的安全感。这会为其将来养成学习能力、自我控制和换位思考能力，以及与他人沟通、合作、相处提供了基础。

（2）善于聆听型的妈妈。

任何年龄段的男孩子，他们真正的需要远非被听到。男性从来摆脱不了这方面的需求——当有话要说，有问题要问，或想分享自己的想法时，他们的母亲（和将来他们的妻子）会看着他们，给予充分重视，并用心倾听。倾听传达了这样一个信息：你对我来说很重要，值得花时间去倾听。这一点对青少年儿童十分重要。

与男孩子（尤其是青春期前后的男孩子）沟通的关键是尽可能谈论他们的兴趣爱好以及对他们影响深远的事物，比如学校、体育以及朋友。我们经常喜欢花更多的时间向儿子发指令、训导、说教，告诉他们该如何行事，而不是听他们诉说。但是，倘若我们做到认真聆听并鼓励他们独立思考，这对他们的将来会有积极的影响。我们甚至可以窥探到他们的内心世界。

（3）放手型的妈妈。

对男孩真正的放手不是不管不顾，而是尽可能让孩子去“疯”、去“野”、去探索。男孩子骨子里的冒险精神和打拼精神就是来自妈妈的这种放手。只有敢让孩子去尝试，孩子才能学会自己处理问题。“让孩子像野花一样自然生长。”这是冰心老人的话，对我影响很大。农村的男孩子可以在沙堆里撒欢儿，捉虫子，捉蚂蚁，赤着脚在田埂上跑，整天脏得像个泥猴子，被蚊子咬得浑身是包，满身的痱子，但他快乐得像小鸟一样。而城里的孩子妈妈也要为孩子创造一切可以让他跟大自然接触的机会。别经不得风受不得雨，担心这个害怕那个就是不敢放手。放手就是用目光注视着他，让他用小小的步子迈着走自己的人生。

（4）懂得塑造儿子的妈妈。

纵观历史，正如当初我们的妈妈塑造我们一样，身为人母的使命之一就是塑造儿子的道德品性以及灌输正确的价值观。虽然现在一些学校开设了性格课程，但是对大多数男孩子来说，家庭仍然是学习道德观和价值观的最佳场所。妈妈是最好的老师，因为她通常和孩子相处的时间最长。培养孩子性格的第一步就是：首先你自己要弄清楚价值观的核心或重心所在。因为你想让儿子理解这些价值观，在他成长的过程中，他需要这些价值标准去身体力行。

价值观意味着我们认为什么是有价值的：成为什么（如幸福的人、忠诚的人、正直的人或成功的人等）；做什么（如努力工作、帮助他人或阅读等）；拥有什么（如金钱、和平或亲密的家庭关系等）。

（5）帮助儿子掌控情绪的妈妈。

在男孩成长的过程中，妈妈有特权和责任去帮助他们学会处理自己的一些感情：快乐与悲伤、热情和失望、内疚、愤怒、恐惧等。然而，很多妈妈往往不太知道如何应对儿子的情绪，尤其是那些消极的情绪。研究表明，女孩的妈妈在女儿表现出不高兴时往往会安慰她们，与她们进行交流，而男孩的妈妈却做得较少。研究中，受试的母亲“会很担心，如果让一个男孩表现出太多的悲伤、痛苦的情绪或弱点，按照我们社会的法则，他可能会不像真正的男孩子那样坚强，有阳刚之气”。事实恰恰相反。如果一个男孩要想成为完整的人，他需要能够认同并掌控好他所有的情绪，无论这种情绪是消极的还是积极的。他需要能够表达出自己的恐惧、悲伤、愤怒和焦虑的情绪，而不担心会受到父母的羞辱。帮助我们的儿子掌控自己的情绪，其中关键的一点是你要保持冷静。当男孩子，通过愤怒或发泄的方式表达自己的痛苦和悲伤，他们可能会大叫、跺脚，或摔打东西，或表现出短暂激烈的愤怒。遇到这种情况，要记住，孩子们表现得不可爱的时候其实是他们最需要关爱的时候。

（6）跟男孩撒娇的妈妈。

当妈妈的在男孩面前一定不能表现得太强势。逛街时可以让孩子帮着拎包包，有好吃的，要和儿子抢着吃，挑好的吃，因为“妈妈是女孩子，需要男孩子照顾”。渐渐地，男孩就会生出保护欲，从保护妈妈最后变成保护姐姐、奶奶、姥姥等。只有让男孩子眼里、心里装着别人，才能真正成为男子汉，结婚后会是一个好丈夫、好爸爸。

77. 什么样的爸爸女孩最需要？

听有些妈妈感叹：为什么我带女儿的时间最多，但她还是跟她爸爸亲。首先，我们抛开“女儿是父亲前世的情人”这一说法，我们不得不承认，“异性相吸”的原理简直是无处不在，但更重要的是，爸爸给女儿的爱对于女儿来说是非常特别的。

因为，爸爸的爱不同于妈妈。女孩在成长的过程中，是特别喜欢跟爸爸在一起的。尤其是孩子越大，她越能感受到爸爸给她的爱是不一样的，这种爱也会让她内心建构一些新的心理品质，并化为性格的一部分。

既然父亲的角色对于女孩如此重要，那么什么样的爸爸是女孩最需要的呢?

（1）温柔的爸爸。

一个家里，妈妈温柔让家充满温暖。一个爸爸如果温柔，则让整个家充满爱。如果一个父亲说话和办事都很强势就会打造一个弱势的母亲，从小造就了女儿“男强女弱”的自卑心理，自信心的缺失造成了女儿成年后会遇到更多的挫折，并且缺乏对抗挫折的勇气和解决困难的能力。但温柔的爸爸不是对女儿宠爱无度的爸爸，这个要分开。父亲对女儿的过分宠爱，造成了女儿自主性、自控感的降低，养成了依赖和惰性。

（2）会讲故事的爸爸。

在很多家庭，要么就是父母不给孩子读故事，要么就是把读故事的任务全都交给妈妈。对于家里有女孩的爸爸，一定要试着去给孩子讲故事。爸爸用磁性的男性声音给女儿读故事，营造的氛围不仅仅是安全感，还有让女孩产生一种信赖和踏实。如果爸爸能用故事中的人物扮演不同的角色跟女儿玩儿，那么就会给孩子展现出幽默和好玩儿，孩子在这个过程中，就会把爸爸当成英雄去崇拜。

（3）会赞美妻子的爸爸。

男人给予孩子最大的礼物，就是爱他们的母亲，男人对妻子的方式，向女儿充分展示了未来生活中，她应该希望得到男人怎样的对待和尊重。丈夫的夸奖，于妻子而言，胜过他人千言万语。每天在女儿面前对妻子说你爱她，赞美她的优点，告诉她你对她为你所做的一切心存感激。女儿看到爸爸的所作所为，将会永记心间，认识到女人应该得到的待遇。同时，也是在教育孩子尊重他们的母亲，时刻告诉他们：她是我的妻子——不许你们对她没有礼貌。因为女孩衡量女人的价值的依据是她的母亲以及父亲对母亲的尊重，所以她必须尊重自己的母亲。

（4）会经常夸奖女儿的爸爸。

人们对正面反馈的回应总是优于对负面反馈的回应，尤其女孩更不例外，她需要父亲说出肯定的话，说进她的心坎儿。父亲们要意识到，女孩有多么需要言语上的肯定，或许每个人的心底都存在这种需求，就是受人赞赏。我们一生中总会问自己一些问题：有人爱我吗？我够不够特别？有人欣赏我吗？可惜太多的孩子没有得到自己想要的答案。

而拥有了父亲赞许的女孩，很少受到过度紧张、偏执和不安全感的折磨，而这些正是困扰当今社会大多数女性的主要问题。认可你的女儿，就是鼓励她树立正面的个人形象，获得自尊，更自信地去面对这个世界上的各种挑战。

78. 父母的矛盾，如何能不伤到孩子？

在我们亲子活动课上，我问孩子们：“你们最害怕什么？”孩子们有的说："害怕成绩不好挨爸妈骂"，有的说："完不成作业怕老师罚站"。但说的最多的是"害怕爸妈吵架"。

研究发现，夫妻之间经常吵架，孩子出现心理问题的概率达32%，父母争吵比离异带给孩子的伤害更大，而且这种伤害像是一种慢性病，内隐，且病程漫长。

幼小的孩子还无法理解父母为什么会争吵，家庭中的纷争就可能成为孩子心中的阴影，如何把夫妻间的冲突对孩子的影响降到最低？发生争执时，注意哪些原则可以不伤到孩子呢？

原则一：在成人间解决冲突，而不是通过孩子。

有的夫妻两人闹矛盾或者家庭之间的婆媳矛盾，会拿孩子出气。比如，媳妇不让公婆看望孩子，更有甚者不让孩子喊爷爷奶奶。或者是夫妻间有了矛盾会说出不管不顾的言论，会对孩子说"都是拉扯了你，我才有了这么难堪的人生"。如果成人把矛盾加在孩子身上，孩子就会受到深深的伤害，认为自己是多余的或者是不被这个家欢迎的。

首先我们需要去意识到成年人之间的冲突是需要自己去解决的问题，而不需要通过孩子来解决。孩子习惯性地把家庭的破裂，父母之间剧烈的冲突，甚至离婚归结于自己的责任。哪怕父母从来没有责怪过自己，孩子都有可能这样去想，何况有些父母还会把孩子作为对抗另一半的武器，这时，我们应该避免这种情况出现。在比较普通的情况下，我们有的时候也会下意识地去把孩子拉向自己，比如我们经常会问孩子：你是更喜欢爸爸，还是更喜欢妈妈？似乎孩子需要对成年人之间的竞争去站一个队，其实这对孩子来说是不公平的。当成年人之间有自己的问题时，不要把孩子作为攻击对方，或者是表达自己情绪的武器，这对孩子是有伤害的。成年人之间解决冲突，而不通过孩子，是减少孩子在成年人冲突之中伤害的最基本原则。

原则二：当冲突发生时，应该尝试去表达，而不是否认。

在冲突当中我们需要去表达情绪，我们需要相对充分地表达到底发生了什么，表达给对方，否认情绪、压抑情绪只会让事情变得更糟。夫妻之间的冲突和处理方法需要表达，而不是否认。当然生活中，如果孩子遇到心情压抑的时候，你也可以让孩子表达他的情绪。

对于孩子，如果孩子有语言能力，你可以跟他谈谈他看到了什么？想到了什么？以前你自己感受到了什么？当然也需要向孩子传达你现在的情绪状态是什么？哪一部分是需要他知道的？哪一部分是需要他表达的？让他放心，父母的冲突不是由他造成的。有人会问，没有说话的孩子会不会受到成年人夫妻之间冲突的影响？实际上也会。因为情绪在我们语言之前就已经产生了。所以我们可以看到，孩子会有更多艺术性的表达方式，通过绘画，通过玩具，通过沙盘，通过这些非语言的方式，孩子也能够呈现和表达他们的情绪。所以表达本身是有治疗性的，对于孩子来说，要学会如何表达。

原则三：需要关注与处理孩子的情绪。

当你冷静下来，当意识到跟另一半达成一致的时候，这时候需要回头来关注孩子，可能孩子并不知道发生了什么，因此他可能会感觉到恐惧与困惑，这个过程当中是最需要去关注孩子的时候，再加上孩子并不知道如何表达，会把这个东西默默放在心中，父母要跟孩子说你看到了什么，你感觉怎么样？你也需要表达你的感受，爸爸的感觉是什么，妈妈的感觉是什么，刚才发生了什么，当有了充分的沟通和表达的时候，这种伤害就会降到最小。

当然，如果这个冲突大到你无法向孩子去解释，或者是孩子没办法去承受产生的问题时，可能就需要专业人士的帮助。大部分情况下，父母意识到自己的冲突可能会对孩子造成伤害的时候，这种伤害可能性会降到最低，而且需要再次提醒大家，冲突是不可避免的，这是每个个体、独立的个体必然遇到的事情。所以没必要刻意去回避冲突，而是要充分地表达冲突当中所产生的情绪。然后尝试进行一些沟通。当夫妻两个人可以做到这一点的时候，对孩子来说也是一种很好的演示。告诉他们如何用沟通的方式来表达情绪、澄清事实。

79. 男人的三大心理需求是什么?

我们经常看到在婚姻中两个人处于敌对共生的状态，经常出现很“拧巴”的状态，好像说些刺激、别人不舒服的话，我们就感觉很爽。其实在我们说出这些话的同时，家庭的正能量场就一点点被破坏、侵蚀掉了。如果孩子正处在青少年儿童时期，他在这样的环境下一定会感觉很难受，无法呼吸。这就是很多孩子在画心理画的时候，经常把家中涂抹很多黑色，在意象中感觉无法呼吸的重要原因。

夫妻之间闹矛盾，很大程度是双方都不明白对方的需求造成的。所以，我有必要在这里重新提男人和女人究竟有哪些不同的心理需求。我们先了解一下男人。

男人的三大需求是什么?

男人有三大核心需求，也是男人三大“心理命脉”。抓住了这三条心理命脉，只会让老公越来越爱你，越来越疼你。因为老公不是用来推出去的，而是用智慧经营出来的。

第一需求：男人渴望被佩服、被认可的感觉。

男人的潜意识心理都有自卑的心结。有人说，男人是女人生的，所以男人天生自卑。总之男人潜意识中就是希望女人相当佩服他、认可他。这样男人内心的某些渴望就被适度膨胀，而适度膨胀中的自信就找到了。

女人事事都在公众场合比老公强，激发了老公潜意识中的自卑情结，老公就很难受。而且女人越强，男人越难受。即使嘴上不说，心里难受也是不言而喻的。

会抬老公的女人是智慧的好女人。所谓花花轿子人抬人。老公你都不抬，你抬谁啊？你一给老公面子，一抬老公，尤其是在公众场合，你仔细看老公表情，立刻感觉不一样。无论他嘴上说什么，心里感觉一定是很美的。他回家对你的态度一定会不同。所以好男人都是好女人抬出来的，因为好女人是好男人的一所大学。

第二需求：男人渴望若水的温柔。

一条奔流的小河的河水无论如何也跨越不了高山，它变成冰，反而越硬越过不去，后来变成了水蒸气，却顺利地跨越了高山。

天地万物中，唯有水，可以融化为各种物质形态，可硬可软可变成蒸汽。所以如果一个女人真正成为水的时候，才能融化男人，融化一切。

任何男人在温柔的女人面前都会喜欢，无论如何掩饰外在，内心都会向往。所以从大量男性的调查报告中，你不难发现，男人潜意识中对温柔的女性都喜欢。

温柔体现在三个方面。

声音。有人说女人的智慧、才情、魅力都是从声音表现出来的。

女人声音很硬，是来自你内心对自己的认可开放度不够。打开温柔的声音，让想说的话像从心中慢慢流淌出来一样，自然会进入到男人的心中。

动作。女人的最大魅力在于肢体动作。当你心中动情了，有爱了，你的动作肯定很美。所以一个学会并且喜欢欣赏自己美的女人，才值得男人欣赏并喜欢。因为不喜欢欣赏自己美的女人，也无法赢得别人的喜欢和欣赏。

眼神。有一个词叫“勾魂”，从哪里“勾”？从透过眼神传递的信息。所以有智慧、夫妻生活好的女人，看着她的眼神，你都会觉得很有魅力，由内而外散发的迷人味道。所以，好女人只有多进行灵性的修炼，多向内发现自我，反省自我，才能看到一个完整真实、有吸引力的女人。

第三需求：男人渴望无条件支持理解他。

一个女人最大的智慧就是能够无条件支持理解老公。

有一个女人声泪俱下地控诉老公，她关心他，不让他抽烟，他却不听。无论怎么说，都不听。她很生气，认为他已经不爱她了。实际上，爱你和抽烟对于男人完全是两码事。你非要过度解读，只能自己承担自己制造出来的负面情绪的恶果了。

男人晚回家了，普通女人会鼻子不是鼻子脸不是脸的，不是嘲讽就是唠叨，或者直接攻击伤害。总之你晚回家就不是东西。智慧的女人，只会做到给男人擦洗、倒一杯热水，说一句暖心的话，男人立刻“暖化”了。所以智慧的女人都能够让男人生发出自我反省。

熟谙一个人，就像中医找穴位一样，知道了男人的三大需求，投之以好，弃之以嫌，男人就是好男人。

80. 女人的三大心理需求是什么?

对应男人的三大命脉，女人也有三大需求。

第一需求：女人的核心需求是安全感。

经济上、生活中，女人都需要内心的安全感。比如：当你不能经常陪她，她立刻在心中产生一种不安全感。因为你释放出来的信息，经由女人内在翻译系统演绎之后，你的行为就变成了是不是不爱她了，是不是觉得她不如以前好了。女人立刻产生恐惧感。所以她会本能地去抓住你，而抓住你的最好方式就成了唠叨。因为内心有恐惧需要排解和释放，唠叨就成了解压的手段和工具了。而男人没有看到这一切的真相，就从女人表面演绎的行为中，错误地产生了负面的情绪，认为女人很烦人，不理解他。于是双方就产生了争执和矛盾。

真正有智慧的男人，不是冲着老婆大喊大叫，而是会宠着老婆、疼着老婆、“惯”着老婆的人。

最可悲的男人是和老婆争“宠”，互相要内心的安全感，最后演变成互相不谦让，矛盾冲突到分离。

第二需求：女人通过说获得丈夫的认可。

很多夫妻之间的争吵是因为大事吵架还是小事吵架？一般都是小事。真正大事临头了，反而一致对外了。所以导致两个人争吵的问题，主要都是小事导致的。而解决小事最好的智慧就是不较真。

两口子吵架，就一个原因，简称“闲得”。忙的时候不吵，闲下来反正也没事，闲着也是闲着，吵吵更精神。所以很多夫妻两个人就当练习训练心理素质了。

女人经常喜欢说什么话？闲言碎语。测试很简单，你让女人再说一遍她刚才说的，她自己都记不起来。所以男人能不能认真？男人如果不等女人说完就撤退，女人立刻会说，老公你不听我说话了，是不是不想和我说话了？所以男人对女人的智慧是，也听也不听。因为你只要知道，女人说，是为了得到你的认可，让你看到她的存在。

第三需求：女人渴望被宠被哄的感觉。

女人是个感性动物。当女人故意发火、故意撒娇的时候，是不是真的生气？不是！因为她就是渴望你可以注意她。就像我们得病渴望人来关心我们一样。所以卡耐基说，全世界的人通常都只有七岁左右。因为每个成人的内心都有一个没有长大的小孩。只要看看六七十岁的老人，说翻脸就翻脸就知道我们内心还未长大。

所以，跟女人相处的最大智慧，是尊重女人内心的小孩，喜欢她并和她一起玩那些小玩具、小情趣，和她内心的小孩再恋爱一次吧！下等婚姻女人变成了疯子，中等婚姻女人变成了傻子，上等婚姻女人会变成孩子。为了幸福的家，男人一定要好好把握女人的心理需求，努力把自己的女人宠成孩子，共同抚养孩子。